朝日新書
Asahi Shinsho 894

朽ちるマンション
老いる住民

朝日新聞取材班

朝日新聞出版

はじめに

マンションは、一つの村だ。

年代も価値観もバックグラウンドも異なる人たちが、数十戸、数百戸と集まり、日々の暮らしを営む。

では、村を運営するのは誰か。いうまでもなく、住んでいる人たちだ。

だが、マンションに住んでいると、その自覚は持ちづらいかもしれない。

共同生活していく上で必要なルールは、入居した段階ですでに作られていることが多い。購入時から管理会社が決まっていて、日常の管理業務を担ってくれる。持ち回りで理事の役職が回ってくることはあっても、専門知識も必要な管理や修繕について、積極的に関わっているという人は少数派だろう。

ごみ集積所の管理、植栽の手入れ、施設のメンテナンスなど、暮らしにまつわって生じる様々な雑務を誰かにおまかせできる手軽さが、マンションの魅力の一つと感じていた人も多いのではないか。

だが、その常識は、通じなくなってきているようだ。

以前は、マンションを巡るトラブルといえば、騒音や共有部分の使い方など、近接した空間で暮らしていることにともなって生じる摩擦について取り上げられることが多かった。だが、最近は、管理会社の側から契約更新を拒否される、住民が高齢化して理事のなり手がいないなど、マンションの運営そのものが立ちゆかない事態があちこちで起き始めている。管理が行き届かず、「スラム化」するマンションすらある。

プライバシーが守られるというマンションの利点は、住民たちが高齢化したり、災害が起きたりしたとき、孤立や孤独死といった問題も引き起こす。

地方の過疎地が高齢化し、集落の維持がむずかしくなっているのと同様に、まるで「限界集落」のように、コミュニティーの維持が立ちゆかないマンションが出始めているのだ。

本書は、2021年から22年にかけて、朝日新聞デジタルや朝日新聞紙面で連載した記事がもとになっている。記事に対しては毎回、読者からたくさんの反響が届き、次の取材へとつながっていった。

取材では、こうした人たちの悩みに寄り添い、解決の糸口になるような情報を盛り込むことを心がけた。ただ、ハウツー本のように「こうすれば解決！」というような事例は示していない。取材をすればするほど、わかりやすい解を示すことができるほど、単純な問題ではないことを痛感したからだ。

マンションを巡る問題は、日本の住宅政策の問題と重なる。

戦後、急増した人口は都市部へと流入し、その住まいをどう確保するかが急務となった。限られた土地を有効に生かすために、縦に空間を広げることができる団地やマンションといった居住スタイルが生まれ、根付いていった。

バブル期には都心部の地価が高騰し、人口は郊外へ流出。だが、その後は規制緩和が進んで、利便性のいい場所にはタワーマンションが建てられ、都心回帰が進んだ。

日本では一貫して、「新築重視」の政策が採られていた。不動産市場では、欧米と比べて中古住宅の価値は評価されづらいといわれている。利便性の高いごく一部の「勝ち組」

の地域をのぞけば、築年数が経過するごとに評価額は下がる。多額の住宅ローンは残っているのに、「売りたくても売れない」「建て替えたくても建て替えられない」状態になってしまう一因でもある。

確かに、人口が増え続けていた時代には、新たに住宅を建てることを促す政策は有効だっただろう。だが、すでに日本は人口減の時代に入っている。どんなに少子化対策を取ったとしても、かつてのようなペースで経済が発展したり、人口が増えたりすることはないだろう。世界でも突出した高齢化社会になったいま、マンションもまた、淘汰《とうた》される時代が訪れようとしている。

それにも関わらず、様々な問題の解決は先送りされ、相変わらず「新しく作って、売る」ことが優先され続けてきた。

確かにマンションは私有財産で、開発するのも民間の業者だ。だが、その存在は地域全体にも大きな影響を与える。都市に流れ込む人たちのために、「とりあえず住居を確保する」時代はとうに終わった。マンションは一戸建てを建てるまでの「仮住まい」という位置づけでもなくなった。「ついのすみか」としての役割を果たすために、何が足りないのか。街づくりの中で、どんな役割を果たすのか。そのビジョンが大切になる。
マンションという一つの村の困りごとは、実は政治や行政の様々な問題とつながっている。その視点を持つことで、解決に向けた道筋も考え方も変わってくるはずだ。そんな思いと共に、この本を届けたい。

朝日新聞社デジタル機動報道部次長　仲村和代

・本書は「朝日新聞デジタル」で連載された「あなたのマンション、大丈夫？　管理問題を追う」（2022年2月14日〜2022年3月13日）、「高齢化するマンション」（2022年5月9日〜5月13日）、「没交渉を超えて　マンションの未来」（2022年6月16日〜6月22日）などに加筆修正をおこない再構成したものである。

・登場人物の肩書、年齢などは原則として取材当時のものである。

・本文の写真・図版はとくに断りのない場合、朝日新聞社提供。

朽ちるマンション　老いる住民　　目次

第3章　高齢化するマンション　101

第4章　コミュニティー再生　137

第5章　管理組合に迫る危機　181

第1章
管理会社「拒否」の衝撃

1　前代未聞の「管理拒否」

マンションの清掃や資金管理などを委託していた管理会社から管理を断られるケースが、都市部のマンションを中心に増えている。新たな管理会社を探すのも難しく、見つからなければ「管理不全」にも陥りかねない。

背景には、マンション管理を巡る近年のある事情が見られるようだ。

今、現場で何が起きているのだろうか――。

築43年「うまみ」なくなった？

「会社の事情もあり、もう契約の更新はできません」

2020年1月、川崎市内にあるマンションの管理組合の理事長の男性は、管理会社の担当者にこう言われた。5年ほど前から契約しており、「青天のへきれき。かなりショックだった」と話す。

更新拒否の理由について理事長は、築43年と古く、管理会社にとって「うまみ」がなくなったためではないか、とみる。

このマンションの管理組合では、修繕工事の際、この管理会社からの見積金額が高いとして、他の業者に依頼することが多かった。また、修繕積立金の残高も少なく、今後の工事も見込めなかった。関係者は「こうしたことが更新拒否の理由では」と指摘する。

理事長の男性も、「管理会社にとって利益になる工事を受注できず、もうからない管理組合との付き合いはしたくない、との意思表示だと感じた」と振り返る。

解約された後、数社に打診し、なんとか別の管理会社が見つかった。

「このまま見つからなければ自主管理になり、不安は大きかった」と話す。

管理組合のコンサルタント業務などを行う、「メルすみごこち事務所」（東京）の社長でマンション管理士の深山州さんは、「大手・中堅の管理会社から契約の更新を拒否されたと相談を受けるケースが、ここ数年で急増した。これまでの業界常識からして前代未聞」

と話す。全国的な傾向だが、特に都市部の郊外にあるマンションで顕著だという。

業界紙「マンション管理新聞」が２０１９年に、管理会社30社を対象に調査したところ、約7割が採算が取れないことなどを理由に管理組合との契約を辞退したことがある、と答えている。

拒否が増える理由とは

拒否が増える背景の一つには、管理にかかるコストの上昇がある。

マンション管理人や清掃員の最低賃金が引き上げられたことなどで、人件費が上昇。管理費に転嫁しようとしても、組合側が値上げに応じられず、さらに修繕積立金の残高が少ないことなどから、解約に至るケースが多いという。

大手管理会社の担当者は「清掃や警備などのコストが増え、日頃の管理業務では利益が出ない。その代わりに、日々の修繕工事や十数年ごとにある大規模修繕工事を請け負うことで埋め合わせる構造になっていることが多い」とし、「修繕費用の積み立てが少なく、収益を得るチャンスが少ない組合は、切り捨てることもある」と明かす。

増える管理費、背景にはある法律

東京カンテイ（東京）によると、首都圏の新築マンションの管理費は、19年までの直近10年間で約18％上昇した。

高騰の背景の一つに、管理人らの人材不足がある。

かつて、マンション管理人は「シニアの第二の働き口」で、60代前半で定年退職した人たちが多く採用されていた。ところが、13年に施行された改正高年齢者雇用安定法で、希望者全員を65歳まで雇うことが企業の義務に。定年退職者の採用が難しくなった。

「マンション管理業協会」が管理会社を対象に実施した調査（２０１７年）によると、回答した会社の8割が「（直近）3年以内で採用が難しくなってきた」とした。その理由として「給与や時給単価が低い」「売り手市場」「定年の引き上げ」が、いずれも6割を超えた。

全国マンション管理組合連合会の元会長、川上湛永さんは「更新拒否されているのは、小規模で築年数を経たマンション。古いマンションほど、年金暮らしの住民も多いため管理費の値上げに応じにくく、管理会社が決まらなければ放置状態にもなりかねず、危険」

と指摘。「建物も住民も老いる中、管理会社も利益を出しにくくなっており、更新拒否は今後も増える可能性もある。今後のマンション管理の大きな問題だ」と話す。

住民自らで管理の動きも

管理会社に頼り切らずに一部を住民で運営するなど、管理方法を見直す新たな動きも出ている。

横浜市内にあるマンションは、2021年11月から会計業務や理事会の運営などを住民自らで担うことになった。2020年ごろから、管理会社に管理費の値上げを打診されてきたが、年金暮らしの住民もおり、応じるのが難しいことなどから解約。三菱地所のグループ会社イノベリオスが提供するアプリ「KURASEL（クラセル）」で管理し、コストを抑える。

80代の女性理事長は「自分たちでうまく管理できるかはこれからだが、管理方法を見直す良い機会だった」と話す。

「メルすみごこち事務所」社長でマンション管理士の深山さんも5年ほど前、管理会社を設立。警備や設備保守では、管理組合が業者と直接契約する新たな仕組みを提案し、管理コストを抑える。通常の管理会社は、警備などの業務を専門業者に再委託する際に「中抜き」が発生するため、管理費が高くなる傾向にあるという。

深山さんは「これまでのマンション管理は、住民が管理会社に管理を丸投げする形が普通だった。住民でできるところは自分たちでしたり、契約方法を変えたり、管理のあり方を見直す転換点が来ている」と話す。

2　配管が腐食、部屋が水浸し――「空室放置」のリスク

「1階の空き店舗に水がザーザーと漏れている」

東京都杉並区のマンションの地権者に3年ほど前、こんな通報が寄せられた。店舗のショーウィンドーから中を偶然見た、住民からの情報だった。

水が漏れ出た元は、3階の床に設置された下水関係の配管。その下にある2階の部屋の床に水がたまり、さらに下の1階の店舗まで水が達していた。

2階の部屋と1階の店舗はいずれも同じ所有者で、空室だった。

なぜ、この状況になるまで気づかなかったのか。

空室が「ブラックボックス化」する

このマンションは築40年以上で、約30戸のうち4戸が空室だ。そのうち、水漏れした1階と2階の2戸は、所有者が定期的に入って清掃や換気をしている形跡がない。空室の配水管も長期間使っていないため、空室周辺の管の腐食も進んでいた。

管理組合の70代の理事長男性は「放置状態の空室だと、水漏れなど問題があってもすぐに発見できずに対処が遅れて、建物全体に悪影響を及ぼす可能性も出てくる」と頭を悩ませる。

マンション管理士の深山州さんは、「所有者が長期間不在だと、空室がブラックボックス化して、状況がだれもわからなくなる。カビやネズミが出たり、漏水に気づかなかったりといったことも起きる。長期的な目でみると、空室からマンション全体に影響して管理不全に陥る懸念がある」と指摘する。

「埋もれた空室」都心の人気エリアにも

国土交通省のマンション総合調査（2018年度）によると、マンションの空室が20％超の管理組合は1・2％。また空室率が0超〜20％のマンションは、03年以降、4割前後で推移している。

問題はその内訳だ。

完成年別に見ると、10年以降に建てられたマンションでは、空室率が0超～20％は21・9％、20％超は1・5％。一方、1979年以前だと、0超～20％が64・4％、20％超は4・4％などと、築年数が経過したマンションほど空室が多くなる傾向があった。

古いために、買い手や借り手がつかない、というだけではない。

14年に設立された「空き家活用株式会社」（東京）は5年ほど前から、調査員の目視による独自の空き家調査を始めた。販売や賃貸に出されていない「埋もれた空室」の活用の可能性を探るためだ。

市場に出回っていない物件は、同社が2020～21年の調査で把握できただけで東京23区内で4417戸。過去の調査の平均では5千戸前後だという。内訳では、最も多いのが新宿区で468戸、人気の高い港区でも190戸だった。

同社の和田貴充社長は「23区内で5千件前後というのは、実際の1％くらいという印象だ。新築供給が続いていることを考えると、今後もさらに空室が増える可能性がある」と話す。

和田さんによると、貸したり売ったりして活用しようとしていない物件は、管理がよりおろそかになっている可能性があるという。

所有者わからず、管理費も支払われず

中には、所有者が特定できず、管理費や修繕積立金が支払われないままというケースもある。資金が集まらないために修繕などができず、管理不全につながる可能性がある。

管理組合を支援する東京都マンション管理士会にも、空室に関する相談が寄せられている。多いのは、管理組合に届け出ずに所有者が移り、所在不明になって管理費などが請求できないケースだ。

修繕工事などの際に個人が所有している専有部分に入ろうと許可を求めたところ、所有者がわからないことが発覚する事態も。所有者が変わって、時間が経ってからわかるケースもあり、特定が困難になる。

このほか、世代交代による「相続放棄」もある。所有者が借金を残して死亡した場合、財産を相続する人は部屋の所有権とともに借金も引き受ける必要がある。それを避けるた

めに相続を放棄すると、部屋の所有権が宙に浮くケースもあるという。

国交省の調査（18年度）では、管理組合1688の3・9％で、所有者の所在不明や連絡先がわからないケースがあった。古いマンションほど、連絡先が不通などの住戸がある割合は高い傾向があった。

管理士会の担当者は「空室の相談自体は多くはない」としつつも、「マンションの空室問題は戸建てと違い、外から気づきにくい。管理組合自体が機能しておらず、管理が行き届いていないマンションなどでは潜在的に空室が出ている可能性はある」と話す。

住宅政策の問題点も

住宅政策の問題を指摘する声もある。

国交省によると、分譲マンションの中古物件数（ストック戸数）は1968年には約5・3万戸だったのが、2020年には約675万戸と増え続けている。

一方、都市部の自治体などでは、マンション建設の際、再開発事業として補助金を出したり、容積率を緩和したりしてきた。敷地に対する建築面積の割合を緩和することで、大きなボリュームの建物が建てられ、ディベロッパーにとって容積率緩和は経済的な価値を生む手段になり、マンション建設を促す結果になっている。

また、国などはこれまで補助金や住宅ローン減税などの優遇措置で、新築住宅重視の政策をとってきたと言われる。

空き家問題に詳しい大阪経済法科大学の米山秀隆教授は「人口が増えていた時代は、住宅の量を確保するために、新築供給を重視した政策には合理性があった」とする一方、「人口減社会でも、需要に応える経済論理で新築重視の方針を転換できずにいると、大量の空き家が発生する」と懸念する。

新規供給が増えつづけると、古いマンションを利用する必然性がないため空室が増え、将来的に管理不全につながる恐れも出てくるという。

米山教授は「持続可能な都市にするためには、自治体が新築できるエリアを限定したり、高さ制限を設けたりといった都市計画などで、新築の総量規制を促していくような住宅政策の転換が必要だ」と話す。

3　6千万円の大規模修繕、実は3分の1で出来た？

「工事費が高いと思う。検証が必要ではないか」

1年ほど前。関西のあるマンションでは、住民や管理会社の担当者らが集まり、翌年の実施をめざしていた大規模修繕工事について話し合っていた。

参加していた住民の男性は、ふつふつとわいていた疑問を口にした。

大規模修繕工事は、経年劣化などに対応するため、マンションごとに作成した計画に基づいて行われる。国土交通省のガイドラインなどによると、一般的に12～15年程度の周期をイメージしている。50戸規模のこのマンションは築25年以上で、2回目の大規模修繕の時期を迎えようとしていた。

所有者でつくる管理組合は、設計や監理など中心的な役割を担うコンサルタントを選び

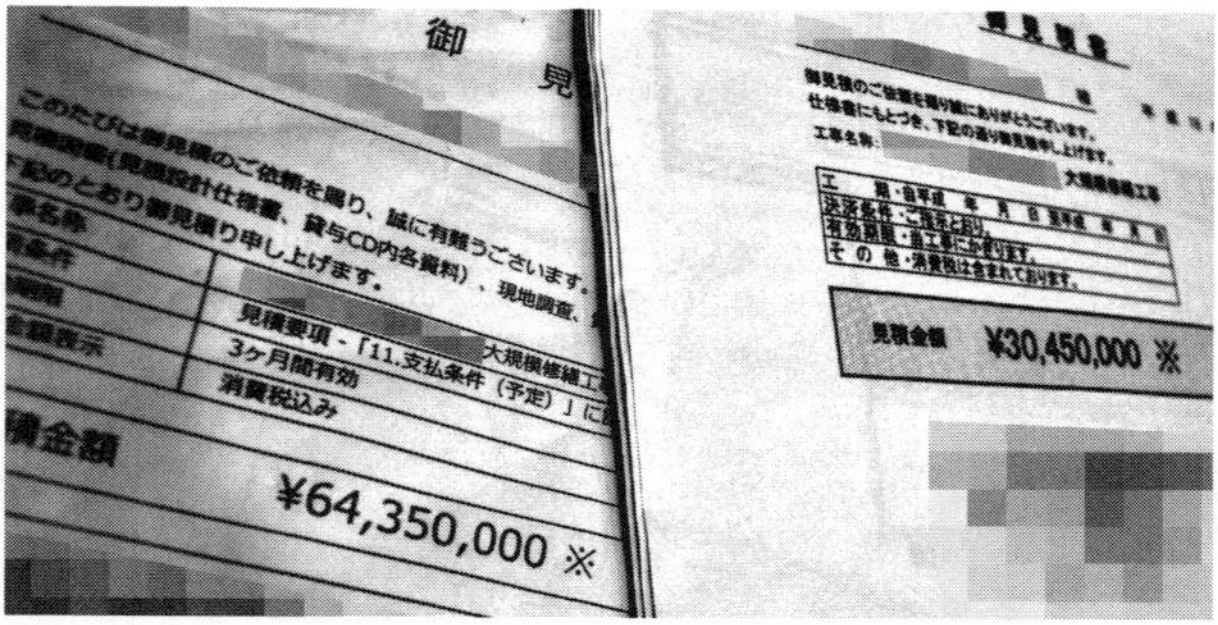

関西のあるマンションの大規模修繕工事の見積書。１回目（右）は3045万円だったが、２回目（左）は6435万円と倍以上になった（画像の一部を加工しています）

終え、施工をどの業者にするか決める段階になっていた。

受注する業者の最終提示額は、６４３５万円。

ただ、疑念が生じた。

約15年前の１回目の大規模修繕工事は３０４５万円。工事業者は同じ、工事内容もほぼ同じだった。

コンサルは住民に「安全対策のための費用が上積みされ、人件費が高騰している」と説明したが、釈然としなかった。

第三者に相談すると

「工事費用は割高と言わざるを得ません」

２０２１年、工事に疑問を持った別の住民は、マンション管理コンサルタント会社「ベタープレイス」（大阪市）に相談を持ち掛けた。社長の広居義高さん（52）から返ってきたのは、そんな指摘だった。

同社は、第三者の立場から、管理組合にマンション管理のアドバイスをしている。このマンションの相談には半年ほど無料で応じた後、月数万円の顧問料を得ている。

このマンションについて、広居さんは工事の項目、使用している材料などから、「工事費用の相場は、1戸あたり80万〜100万円」と見積もる。国交省の大規模修繕工事についての実態調査（17年）でも、2回目の平均は約98万円。このマンションでは、実際は120万円を上回っていたという。

工事内容を精査した広居さんが、施工業者に確認したところ、実際には作っていない仮設トイレやつけていない看板の費用が、工事代金に盛り込まれていたことなどがわかったという。

住民の男性は「住民は工事の素人。業者側に割高な工事を押しつけられてもわかりません」と話す。

マンションの工事は終わった。ただ、工事後の点検ですぐにサビが見つかるなど、工事の品質にも疑問符がついた。

このため、住民側は「引き渡し」を受けていない。

コンサル、施工業者ともに取材に対し、「先方と協議中でコメントは差し控える」と回答した。

管理では利益が出ず……

分譲マンションの問題を考えようと、建築家や研究者らで1991年に設立した「日本マンション学会」の元会長で弁護士の折田泰宏さんは「大規模修繕にまつわる問題は、学会を立ち上げた30年前から指摘されてきた」と指摘する。

折田さんによると、月々のマンション管理自体は、管理会社にとって利益が出づらい。そこで、共用部の壁の補修など小規模なものから大規模修繕まで、工事の際に「リベート」のような名目で、工事業者から利益を吸い上げる慣行が生まれた。

具体的には、管理会社と関係する業者に工事を任せ、割高な工事代金をマンション側に請求した上で、バックマージンを得るなどの方法があるという。

また、大規模修繕については、この5年ほど、第三者のコンサルタントが関わるケースでのトラブルが目立つようになったという。設計コンサルは、第三者の立場でより適切な工事を監理することが期待されていたが、立場を悪用した形だ。

折田さんによると、特徴的なケースはこうだ。管理会社と関係のあるコンサルが、極端に安い価格を提示して落札し、工事を取り仕切る。施工業者を入札する場合は、息のかかった会社を選ぶ。施工業者はコンサルに、コンサルは管理会社にリベートをおさめる、というわけだ。

折田さんは「管理会社は、マンション側の積立金や住民の情報を知る立場にあり、いわば『元締』のような存在。コンサルも、管理会社の顔を気にします」。リベートは「10〜20%程度」が一般的だという。

こうした事態は業界誌などで指摘され、国交省も把握した。マンションの関連団体などに向け、2017年には「一部のコンサルタントが、自社にバックマージンを支払う施工会社が受注できるように不適切な工作」を行っているなどと注意を促す文書を出している。

管理会社や設計コンサルが割高な工事代金を設定したり、リベート名目で金銭を得ることについては、「明らかに不当な額でなく、適切な契約がなされていたり、きちんと会計処理されていれば、これらを取り締まる法律はない」と折田さん。しかし、「圧倒的な知識や情報などを背景に住民に不利益をもたらしていることは問題。業界は慣行をあらためるべきだ」と話す。

割高な工事、修繕積立金値上げ

割高な工事をきっかけに、修繕積立金を値上げせざるを得なくなったところもある。

「次年度の修繕積立金の改定案について、どのように思われますか? 必ず一つに○を記入して下さい」

20年7月、さいたま市内の「ライオンズシティ大宮」(築27年、38戸)の住民のポストに、管理会社が作成したA4一枚のアンケートが届いた。「値上げしない」という選択肢はなく、「1・6倍」か「2倍」の二択だった。翌年4月の総会で、管理会社から「1・6倍で多くの賛成を頂いた」と説明を受け、結果的に同年9月から1・3倍の値上げが決まった。

住民の中心は60~70代。毎月5千円ほど値上がりすることになった70代女性は「医療費や介護保険料も値上がりする中、修繕積立金の値上げは我が家にとって一番の脅威」と漏らす。

値上げのきっかけの一つは、大規模修繕工事だった。

このマンションは、19年、6200万円かけて、外壁など2度目の大規模修繕工事を行った。4千万円の借金をして、修繕積立金は底をついた。

だが、その後、専門家に調べてもらうと、1900万円ほどでできる工事だったと評価を受けた。

組合の積立金が底をついても、管理会社が値上げや借り入れをして割高で無駄な工事をするよう勧めたことについて、自分たちさえもうかればいいと考えているように感じていたという。

「最大の反省は、これまで住民がマンション管理への関心がなかったことだ」と話す。

大規模修繕工事の見積もり合わせでは、管理会社系列の建設会社が「A社」と書かれたものより300万円ほど安価だと管理会社から説明を受け、臨時総会で決めた。

安価とする詳細な証拠を管理会社に求めることはしておらず、ほかの会社の見積もり合わせや会社からのヒアリングなどもしなかった。

これまでの総会などの議事録を見返すと、「放置すると資産価値が落ちますよ」と言われ、管理会社が提案する修繕案などがそのまま通ってきたことも判明した。

危機感が住民たちを動かした

理事長は、今後のエレベーターや給排水管の更新などの日常の修繕計画が書かれた「長期修繕計画」を見ても、必要のないものや通常より価格の高い工事が多いと感じている。

2022年から31年までで計2億円の工事が予定されている。一方、借金を返済して残る積立金額は今後10年間で1億円。このままだと、1・3倍に修繕積立金を値上げしても、1億円が赤字になる計算になる。

住民の男性は「このまま同じ管理会社だと、さらにどんどん工事などでむしり取られる。管理会社の変更など持続可能な管理の仕方を模索しないといけないと強く感じた」という。

こうした危機感から、一部の住民が中心となって、専門家を講師に招き、マンション管理の勉強会を21年秋から始めた。マンションの現状や問題点を伝えるため、全戸にお便りを配布する取り組みも始めた。

また、管理会社の変更を決め、植栽やエレベーターの保守管理などの一部の業務は、管理会社を通さずに管理組合と専門業者が直接契約することで費用を抑えた。

理事長は「修繕積立金の値上げが決まったころから、住民らが顔を合わせて話し合うことで意識も少しずつ変わってきた。無関心、無知から脱却することが目標です」と話す。

4　雨漏りでも修繕費がない――「スラム化」の懸念

「屋上から下の部屋に雨漏りしている」

神奈川県大和市内のマンションの管理組合の会計業務を担う会社に、住民から連絡があったのは、5年ほど前のことだ。

マンションは全部で9戸、築40年以上経つ。

修理の見積もりをとると高額だったため、住民の意向もあり、簡単な修理にとどめた。その数年後の台風で屋根が飛び、雨漏りはさらに拡大。だが、修繕積立金が足りず、仮の補修しかできなかった。排水管の修理もできていない。

状況は2021年秋、さらに悪化した。

理事長と会計責任者の2人が体調不良などを理由に退任。会計責任者が入院したため引

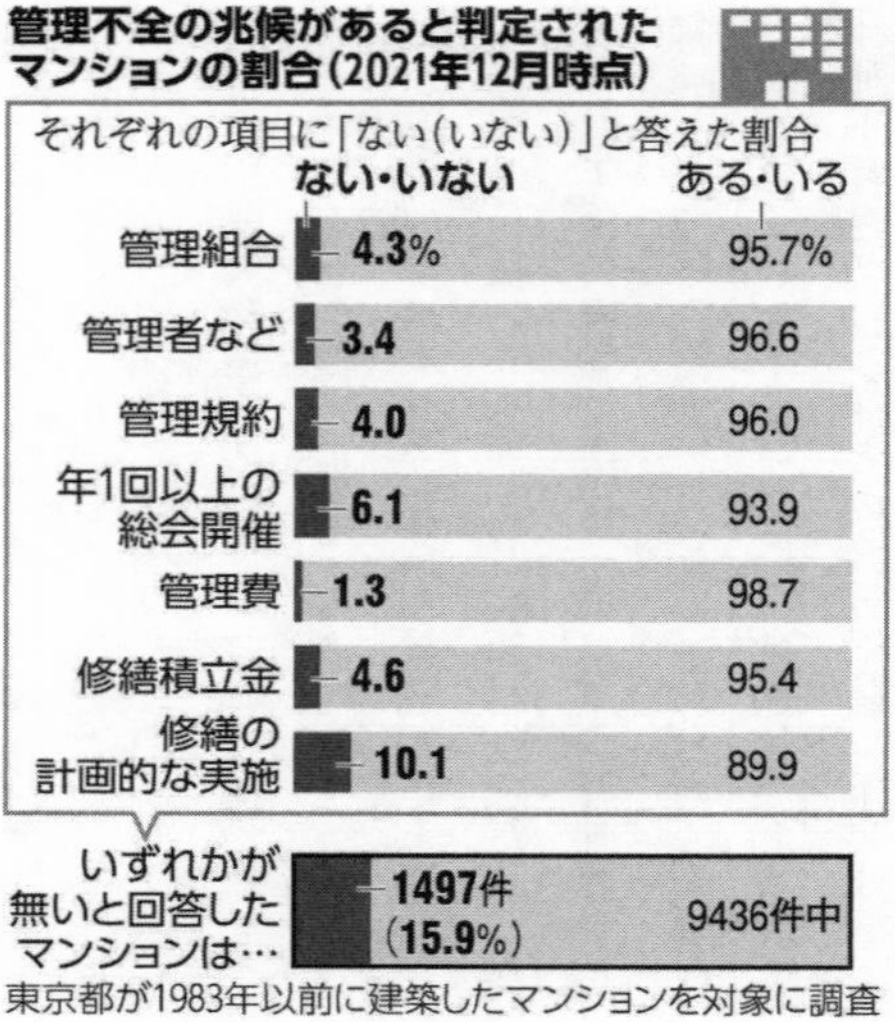

東京都が1983年以前に建築したマンションを対象に調査

き継ぎができず、組合から修理業者への修繕費などの支払いが滞るようになった。管理会社への委託費用の捻出も難しい。

もともと修繕計画はなく、積立金が足りないため、修理すべきところもできていない。積立金の滞納者が1人いるほか、全体の戸数が少なく、少額しか集まらないことも背景にある。

70代の前理事長は「資金もなく、住民の多くも管理は人任せ。計画的に修繕するのは難しく、問題が大きくなってから対処するしかできない」と漏らす。

なぜ、こんな状況に陥ってしまったのか。

廃墟マンション、今後は大きな問題に?

10年ほど、このマンションの管理組合の会計事務の代行業務を担ってきた「横浜サンユー」(横浜)の利根宏社長は、管理不全になった理由として、住民の管理意識の低さをあげる。

9戸のうち、5戸の所有者は居住しておらず、総会などにもほぼ参加していない。残りの4戸の所有者も、高齢なことなどもあり、積極的に管理に関わることが難しいという。

同社では、管理が行き届かず、設備などが老朽化して廃虚のようになっている「スラム化」したマンションの管理組合の相談に乗ってきた。スラム化は、10~20戸ほどの小規模マンションで特に顕著だという。

「規模の経済が働かないので、管理費や修繕積立金が少額しか集まらず、運営しにくい。このマンションもそうだが、自主管理といいつつ、事実上の『無管理』状態は潜在的に多い」と明かす。

利根さんは、老朽化したマンションの「看取《みと》り」の重要性を訴えてきた一人だ。費用面などから建て替えが困難で、廃虚化した建物を放置しないためにも、たとえば、マンション管理士などの専門家を無償で派遣して、組合が積極的に管理に関わり最後まで責任を持てるようにするための法制度など、未来を見据えた対策が必要だと考えている。このほか、修繕積立金に加え、取り壊し資金をあらかじめ積み立てるマンションも出てきているという。

「今は廃虚マンションの放置はそれほど問題になっていないが、将来、老朽化する建物が増えれば、大きな問題になる」と話す。

老朽化し、誰も住まなくなったマンション。行政代執行により取り壊しが進んだ（写真は工事前）＝2019年９月、滋賀県野洲市

国土交通省によると、築40年以上のマンションは２０２０年は１０３万戸。40年には４倍の４０４万戸になると推計される。

マンションの管理を巡っては20年6月、改正マンション管理適正化法が成立。これまでマンションは私有財産であることから管理組合の自主的な管理に委ねられてきたが、管理の適正化のため、組合などの求めがなくても行政が積極的に関与できるようになった。

「最終的に取り壊しや建て直しを住民だけで進めるのは難しい。行政や専門家が管理をサポートすることが必要だ」と利根さんは話す。

適正管理に向け、新たな制度も

適正な管理に向けた動きもある。

改正マンション管理適正化法に基づき、2022年4月から始まった国の「管理計画認定制度」がその一つだ。

制度は、適正な管理のための基準を提示して、管理意識を向上させて管理不全を防ぐのが目的。国や地方自治体が示す約16項目を審査し、地方自治体が管理組合を「認定」する。一方、基準に満たない場合は助言や指導をし、さらに改善を勧告することもできる。

これとは別に、マンション管理会社の業界団体である「マンション管理業協会」が運営するマンション管理適正評価制度も、4月から始まった。こちらは、管理状況が市場価値に反映されることをめざす。

管理状況を100点満点で点数化する。申請のあったマンションを管理組合の運営態勢や支出、設備の状態など30項目について採点し、最高位の「星5個」から「星ゼロ個」までの6段階でランク付けする。不動産ポータルサイトの物件ページに評価結果を掲載することも検討する。

国の認定制度とも連携し、この制度で評価を受ければ、国の制度でも認定を受けられる方向で検討を進めるという。

ただ、課題も指摘されている。一つは、どちらの制度も強制力がないことだ。

マンション管理組合に助言する活動をする東京都マンション管理士会の担当者は、「制度は任意のため、管理意識の低いマンションは申請せず、管理不全マンションを把握できずに埋もれてしまう可能性がある」と指摘する。

「特に国の制度では、申請していない組合が支援から外れないように、自治体が独自にどこまで積極的に実態を把握し、支援できるかが課題」と話す。

不動産コンサルティングを行う「さくら事務所」(東京)のマンション管理コンサルタント、土屋輝之さんは、管理状況が良いマンションと、住民の高齢化や積立金の不足などで改善できない「頑張れないマンション」の二極化が進むことを懸念する。

「自治体も管理業協会においても、どう組合を支援していくかが鍵になる」と話す。

外観から調査、アドバイザー派遣

自治体の中には、独自に実態調査に取り組むところもある。

全世帯の約4分の1をマンション住まいが占める川崎市では、20年度におおむね築40年超となる旧耐震マンションの外観の目視調査を独自に実施。管理水準に応じて4段階のランクに分類した。

管理の行き届いていないマンションは、壁にひび割れがあったり、手すりがさびていたりと、外観からでもおおよそ把握できる。立ち入り権限がなくても円滑に調査できると考えたという。問題がありそうなマンションの組合には、後日、アンケートやヒアリング調査をして、詳細に調べた。

この調査で管理状況が良くなかった管理組合などには、市が独自にマンション管理のアドバイザーの派遣などの支援を検討する。今後も定期的に外観調査を継続する予定だ。

ただ、どこまで行政が踏み込んで支援するのかといった課題はある。

川崎市の担当者は「4月からの新制度で、行政が助言や勧告できる権限を持ったことは大きい」とする一方、「管理不全マンションは、組合自体が事実上機能していないことも多く、支援も難しい。私有財産であるマンションに、行政がどこまで介入できるかは整理する必要がある」と話す。

管理不全の兆候があるマンションにアドバイザーの派遣などを行う東京都の担当者は、「公費を使って無償で講座などを受けてもらったとしても、その後にどうするかは組合次第。どこまで実効的な支援ができるかが課題だ」と指摘する。

5　寝耳に水の「打ち切り」管理組合はどう動いたか

「8月に契約を打ち切ります」

2021年5月、神奈川県座間《ざま》市内のマンション（築30年、67戸）の管理組合は、中堅の管理会社から、管理業務の契約打ち切りを一方的に告げられた。

人件費の高騰を理由に、管理費の3割値上げを提案されたのが21年1月。4月の総会では、受け入れるかどうかの議論がまとまらず、現状の金額で3カ月延長する提案が管理会社から出された。

3カ月後に再度話し合うことで可決したが、議論は中ぶらりんのまま。5月になって突然、管理会社が打ち切りを突きつけてきた。

「採算が合わなくなり切られたのでは」と、理事長の男性は振り返る。このマンションで

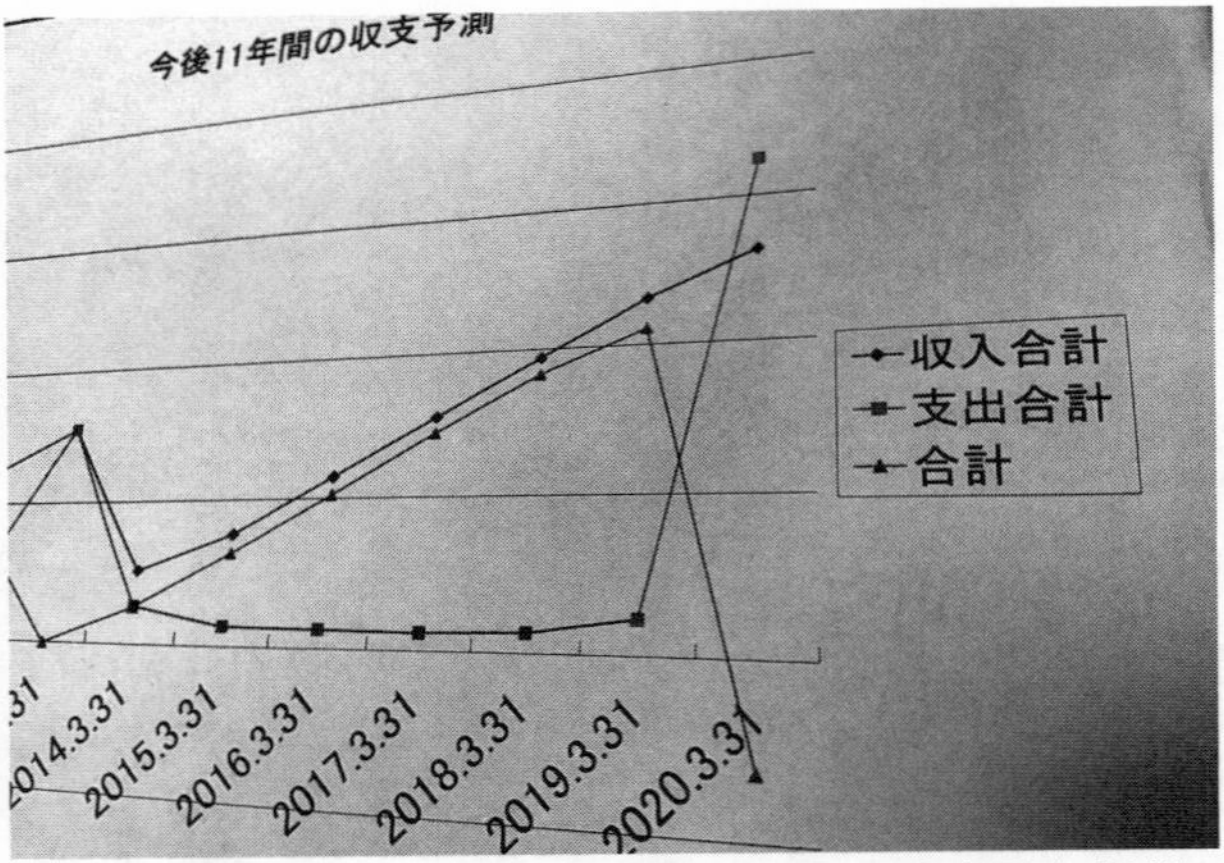

「セントエルモ志木」の管理組合が2009年に作成した収支予測。「合計」がゼロを下回っている。当時から、修繕積立金の金額によっては、「赤字」に陥ることが懸念されていた=管理組合提供

は、別の管理会社4社の見積もりを取り、うち1社への委託を決めた。

建物の老朽化や住民の高齢化で、管理が行き届かないマンションも増え始めている。管理は管理会社に委託するのが一般的だったが、自分たちで担う「自主管理」や、一部だけを業者に委託する「部分管理」といったやり方も。資産価値にもかかわる問題だけに、住民自身が向き合うことも大切だ。

でも、一体どうすれば？　どんなやり方があるのか？

「自主管理」が難しくなり……

「管理会社に任せてみては?」

東京都杉並区内のマンション(47戸)では5年ほど前、住民の間でそんな議論が持ち上がった。

1973年の建築以来、管理会社に頼らず自分たちで管理する「自主管理」を貫いてきた。

清掃や業者との連絡役などを担う管理人は有償にして、住民に「委託」。設備の修繕工事なども、住民が見積もりの内容や金額を比べた上で発注してきた。

新築時から、区分所有者に建築事務所や不動産関係者がいたため、こうした自主管理が可能だったという。

だが、最近になって、管理組合の司令塔である理事会運営が難しくなり、大きな方針転換を迫られていた。

理由は、住民の高齢化だ。

理事は2年の輪番制だが、近年は辞退者も相次いだ。管理会社に任せることも解決策の一つとして挙がり、実際にいくつかの管理会社から見積もりを取った。

だが、管理会社に任せても、理事をゼロにはできない。

ならばと、理事の負担軽減策として打ち出したのが、業務の「内部委託」だ。重荷になっていたのが、理事会や総会の議事録や配布資料などの「書類作成」と、予算を作り支出入の管理をする「会計」の業務。18年から、この二つを、有償で住民に委託することにした。

いずれも1年間の報酬は5万円。理事との兼務も可能にした。この軽減策で、理事の辞退者が減ったという。

「負担の大きい業務を委託したことで、理事になることのハードルが下がった」。住民の70代女性はそう話す。

「部分委託」という選択肢も

全部を管理会社に任せるのでも、自分たちだけで管理するのでもない、「第三の道」を選んだところもある。

埼玉県志木市の「セントエルモ志木」(築約30年、8戸)では、業務の不備が目立った管理会社との契約を自ら打ち切り、2005年から自主管理を続けてきた。

だが、17年度からは、「部分委託」に切り替えた。

管理会社に委託したのは「会計管理」だ。出入金の管理、業者への支払い、会計文書の作成などを管理会社に委ねた。

「会計は確かに手間はかかるが、やれないことはなかった。それでも委託したのは『信用の獲得』が理由だった」と、理事長の村上嘉陽さん(59)は話す。

17年度当時、大規模修繕工事のほか、給水管の更新など、出費のかさむ工事が見込まれていた。試算した結果では、一時的な借り入れが必要となるおそれもあった。

マンションは8戸と小規模。返済するあてはあるが、銀行から借り入れができるだろうか。そんな不安がよぎった。

「それならば、第三者の目で組合会計の透明性や健全性を担保してもらうことが必要と考えました」

このマンションでは、実際に借り入れはしなかったものの、部分委託は続けているという。

「どのような管理方法であれ、大切なのは住民が自主的に管理できるかどうか。今後も、その視点で管理組合を運営していきたい」と村上さんは話す。

外部の専門家も活用を

マンション問題に詳しい早稲田大学法科大学院教授（民法）の鎌野邦樹さんは「マンション管理の中心を担うのは、本来的には区分所有者の役割だが、日本では新築の入居時に管理会社が決まっていることがほとんど。そのまま『お任せ』になりがちで、主体的に関わるべき管理組合が機能せず、管理会社の言いなりになることもある」と話す。

区分所有法などでは、個人が所有する専有部分はもちろんのこと、共通の財産である共有部分についても、どう管理するかは区分所有者が決めることになっている。そのための組織が管理組合。中核を担う理事になった場合、積極的に情報を集めるなど、相応の働きが期待されているという。

どの管理会社を選ぶのか。どこまで任せるのか。自主管理をするのか、会計や清掃など一部を任せるのか。選択肢はいろいろある。

鎌野さんによると、管理会社に全部委託する場合は、区分所有者の手間が省ける分、費用が割高になるおそれがある。

一方、「自主管理」については、コスト減が期待されるものの、その都度、業者を選ぶ必要があり、手間はかかる。

どこまでお金や手間をかけるのか。区分所有者側の事情に応じた判断が求められるという。

「どんな管理方法であれ、工事の金額が妥当かといった点は、マンション管理士など外部の専門家に意見を求めることも一つの方法です」

6　マンションは「管理を買え」、でもどうすれば？

「マンションは管理を買え」。そういわれるくらい、マンションの管理は重要だ。住民で担うのが基本だが、とはいえ、専門的な知識が乏しく難しいのが実情。最近は、建物の老朽化や住民の高齢化が進み、管理費や修繕費の捻出に悩む管理組合も出てきている。困った時はどうすればいいのか。マンション管理に詳しい専門家2人に聞いた。

相談先はどこに？

マンションの管理問題で多いのが、「どこに相談したらいいのかわからない」という悩みだ。

マンション管理コンサルタント「さくら事務所」（東京）の土屋輝之さんは、東京都などの各地の管理士会や行政の窓口をあげる。国の管理計画認定制度が4月から始まり、今後は行政の関与が増えていくことも期待できる。

コンサル事務所などが管理ノウハウをまとめたホームページや動画を活用するのも有効だ。無料の相談電話窓口がある事務所も多く、インターネットなどから信頼できる事務所を探すこともできる。

ただ、ネットが苦手な人もいる。土屋さんは「ネットに詳しい住民の子どもさんや若い住民もいるはず。力を借りて、オンライン通話の設定をしてもらったり事務所の連絡先を探してもらうなど、ネットを使いこなせる人に面倒をみてもらうことが、解決の第一歩になる」と話す。

一方で、管理などについて相談を受ける一般社団法人「日本マンションサポート協会」(東京)の川島崇浩・代表理事は、マンション管理センターなどの公の相談窓口もあるが、「情報交換会での口コミで専門家を探すのも有効」と話す。ただ、情報交換会には管理組合が主体になるものもあればコンサルや大規模修繕の施工会社、設計事務所が主催するものもあり、その点は選びどころだ。

たとえば、管理組合が主体で運営しているものには、理事長らが参加する勉強会「RJC48」がある。

「管理組合主体の情報交換会で名前が出てくる専門家は、ある程度信頼できる。そこに相談するのは一つの方法です」と川島さんは話す。

日常の管理で注意点は？

では、日常管理を進める上で、どんなことに注意すればいいのか。

川島さんは初めの一歩として、住民らがマンションの建物を自らの目で見て回ることをあげる。理事会や総会は会議室の中だけで終わりがちなため、建物を回る機会を作る。屋上に草が生い茂っていたり、普段は行かないほかのフロアで放置自転車があったりと問題に気づくことができるという。

また、点検報告書に目を通すことも大切だという。報告書の特記事項の欄には、不具合が端的に記載されている。故障してから緊急に対応しようとすると、複数の会社から見積もりをとる「相見積もり」をとる余裕もなく費用が高くなりがちなため、不具合の情報は早めに理事会で把握することが必要だという。

同時に理事会の議事録の全住民への配布は、情報共有のために不可欠だという。大型マンションだと用紙代がかかるため配布していないところもあるが、組合のホームページがある場合は掲載したり、QRコードを配布して節約したりする管理組合もある。

問題の共有のためには、ビジュアルも大切で、配布物は文字だけでなく、写真で見せることも手段の一つだ。

住民同士の交流を意識的に増やすことも大切で、川島さんは「年1回の消防訓練の実施はマスト。そういった場で目立つ方は理事会でも活動してもらえることが多いので、部屋番号と名前を聞いておくのは手です」と助言する。

他方で「さくら事務所」の土屋さんは、意見を聞く場合は複数の専門家から募ることが大切だという。「1人の専門家の結論を唯一の正解だと思いすぎて、絶望する人がいる。病気の診断のセカンドオピニオンと同じで、少なくとも3人くらいの意見は聞いてほしい」とアドバイスする。

組合を動かす上で、牽引力《けんいん》を出すには専門家をうまく頼ることも有効だ。たとえば建築に詳しい住民が改善案を提示すると、ほかの住民の中で「マンションの専門家でもないのに、いばっている」と思う人もいて、合意がとりにくいこともあるという。

土屋さんはいう。「牽引力を持たせるには第三者的な専門家をかませて、住民の方が納得するまで説明・理解する期間をしっかりとる。かじを切るだけでも2〜3年かかる。住民間で危機感を共有できないかぎり何も始まりません」

管理費、修繕費の値上げには?

管理費や修繕費も悩みのタネだ。

不動産調査会社の東京カンテイ(東京)によると、首都圏の新築マンションの管理費は、2019年までの直近10年間で約18%上がり、修繕積立金も上昇傾向だ。背景の一つには、管理員らの人材不足による人件費の高騰がある。

川島さんは「本当にそのサービスが必要なのかを検証する必要がある」という。たとえば管理員や清掃員などの管理スタッフが、ニーズ以上に配置されている場合がある。管理費の値上げが難しい場合は、人数を減らしたり、時短勤務にしたりするのも一つの手だという。

また管理会社との価格交渉には、相見積もりの比較が有効だ。ただ、管理会社の変更（リプレイス）は慎重に検討したほうが良いとアドバイスする。

きちんとした手順を踏まないと、管理会社変更後に管理品質が低下したり、重要書類の引き継ぎがなされなかったりするケースもあるという。

もし管理会社から値上げの要求があった場合には、「理事会だけで抱え込まないことだ」と川島さんは助言する。値上げは管理組合全体の問題であるため、すぐに管理会社に値上げ理由についての住民向けの説明会を開催してもらうなどの方法もある。理事会で抱え込んだ結果、住民が状況をのみ込めないまま解約に至るケースもあるので注意が必要だ。

一方で修繕工事については、土屋さんは「修繕工事を考える上で大きな問題は、建物を何年間使うのかという方針が決まっていないこと。安くすることを考えるなら、快適に使う期間の前提条件を整えないといけない」と話す。

たとえば、築60年で建て替える方針であれば、45年目以降は何もしないことも考えられ、建て替え費用を抜きにすれば安価になるという。

「決定までしなくても良いが、住民間でイメージだけでも共有する。方針として3回目の大規模修繕工事前には決めてほしい」と土屋さん。3回目の工事の内容が、何年使うかの方針によっては大きく変わり、値段にも違いが出てくるという。

加えて修繕工事では、優先順位をつけることも大切だという。土屋さんによると、優先順位が高いのは給排水や電気などのライフライン系である一方で、旧耐震マンションでは耐震補強をどうするかで大きく予算が変わるといい、耐震補強は検討の余地があるという。「修繕計画では、管理会社は優先度に関係なくパッケージで提示するので、専門家に見てもらって優先順位を考えることが必要」と土屋さんは話す。

相見積もりをとって工事費を抑えることも大切だ。ただ、管理会社任せにせず、組合自らでとることが必要で、土屋さんは「管理会社とつきあいの多い会社に見積もりをお願いすると高くなることもある。管理会社と関係があるかどうかを探るために、業界情報に詳しい専門家をうまく使うことも選択肢だ」という。

購入時に確認すべきこと

マンションの購入時はどんな点を確認したほうがいいのか。「マンションは管理を買え」とよく言われるが、初期費用だけでなく、購入後のメンテナンス費用まで意識するのが大切だ。

土屋さんは手がかりとして、2022年4月から始まった二つの制度をあげる。国と、業界団体「マンション管理業協会」がそれぞれ、新たな評価制度を作る。国の制度で組合が「認定」を受けていて、同協会の制度では上位2ランクの評価を受けていることが望ましいという。

組合の借り入れ状況や、組合がアクティブに活動しているかどうかもポイントだ。「管理規約や管理会社の見直しを定期的にやっているのは活発な証拠。購入時に資料を見せてもらったほうが良い」と土屋さんは助言する。

川島さんによると、機械式駐車場の有無もポイントだ。平置き駐車場は維持費がかからないが、機械式の場合は多額の維持費や入れ替え費用がかかる。それに見合った使用料が設定されているか注意が必要だという。また、あまり流通していない設備やメーカーの製品が設置されていると、競争が働かず維持費が高額になったり、入れ替えの際に苦労したりすることもあるという。

マンションを中古で購入する場合には、大規模修繕や配管の更新など多額の費用がかかる修繕の実施状況と、それを反映した長期修繕計画や修繕積立金の設定状況になっているかを確認する必要がある。

「購入費用だけでなく、その後の費用がどれだけかかるのかを見越して考えることも大切です」と川島さんは話す。

「管理拒否」されないために――カギは管理会社よりも住民

横浜市立大学　齊藤広子教授

マンションの清掃や会計管理などを委託していた管理会社から管理を断られるケースが、都市部を中心に問題になっています。背景には、管理コストの上昇や、マンションの老朽化の問題があります。

今後のマンション管理はどうすればいいのか。この問題に詳しい横浜市立大学の齊藤広子教授に聞きました。

管理拒否されやすいマンションは……

――管理会社から管理を拒否される事例があると聞きます

「管理組合と手を切った」という話は、管理会社の人から聞くことがあります。管理会社の事情として、管理人の人手不足などで管理費が高騰していることもありますが、管理組合側が、管理困難、管理不全状態に陥っていることもあるでしょう。

管理不全になりやすいマンションの特徴として、築年数が経ち、戸数が少なく、所有者の不在化が進んでいる、等があります。このため、理事のなり手がない、総会で物事が決められないなど、管理組合が健全に機能していないのです。

こんな状態では、管理会社は手が出せませんし、手を引いてしまいます。

——どういうことでしょうか

管理会社はあくまでも管理のサポーターで、主体は住民や区分所有者。ところが、主体が弱体化し、その基礎がしっかりしていないため、サポートのしようがないのです。住民が管理に関心がなく、組合の理事になってくれる人がいない、管理費の滞納が増える、工事しようと思っても総会に出席者が集まらず合意が取れない——といった場合、管理会社としても物事が円滑に進まず、手間がかかるため、手を引くという事態もあると思います。ですので、今後は、住民の管理への関心を高めることが大切になってきます。

住民の関心高めるには

――関心を高めるにはどうすればいいのでしょう

新型コロナウイルス感染症拡大予防の観点からステイホームの時間が増えたことで、家で快適に過ごしたいというニーズが高まり、マンション管理への関心が高まっていると聞きます。

さらに、総会や理事会は、対面でなく遠隔のオンラインでも参加できる体制が整ってきており、住民参加のハードルが下がってきています。

大事なのは、住民同士の顔が見える関係を作ることです。知らない人が集まる総会に出ようとは思いませんし、どんな住民が組合の理事をしているか知るだけでもずいぶん安心感が違うと思います。

さいとう・ひろこ　横浜市立大学都市社会文化研究科教授。専門は不動産学、都市計画など。写真＝本人提供

たとえば、防災の日に防災設備などをスタンプラリー方式で確認するイベントを行うなど、簡単なことからはじめ、老若男女それぞれの住民が集まって、近所の人の顔を知る、

ひいてはマンション管理に関心をもつきっかけづくりが必要です。

組合自身も、住民にマンションの課題などを共有する広報活動をすることで、住民皆で管理するという意識が生まれ、今後の管理のあり方を考える契機になります。

住民自ら管理する方法も
――管理会社に丸投げでなく、住民自らで管理する動きも出てきています

管理会社に管理を任せる場合でも、いろいろなパターンがあります。

清掃や植栽の手入れの業務に限って自分たちで専門業者を探して契約するなど、全部を管理会社に任せるのでなく、マンションの状況を見て、より効率的に管理する方法を探すことができます。

たとえば、共用庭の植栽の管理について、自分たちで業者を選び、業者にどんなふうに管理をするかの具体的なプレゼンテーションをしてもらい、住民らで業者を選んだケースもあります。庭に植えるハーブを使ってのイベントなどが提案されると住民は興味津々。実際のイベントには多くの住民が参加し、住民交流のきっかけになっていました。

こうして、管理会社にすべての管理を任せてしまうのではなく、自分たちで選ぶことで、自分たちで住みやすさを創っているという意識も醸成されます。

このように、いきなりすべての業務を自分たちで管理するのが難しくても、できるところから管理方法を見直すことが大切です。

マンション管理は、区分所有者が直接参加で話し合う民主主義で物事を進めていくことが基本ですが、顔が見える環境を土台にして管理を考えることで、人がつながり、良い方向に回っていくと思います。

行政はどう関わるべき?

——一方で、行政が管理にどう関わっていくかという問題もあります

これは難しいですね。マンションが完全に私有財かという問題です。

たとえば、東日本大震災の津波の際には、マンションに逃げて命が助かった事例や、マンションの集会所が避難所になったこともありました。公共財ではないけれども、地域にとって重要な財という位置付けが必要で、マンションが地域の中で機能していく仕組みを

いかに創っていくかが大事です。

管理をしっかりとするには、竣工《しゅんこう》時に管理組合をつくり、規約や修繕計画、修繕積立金などの管理を進める体制を整えることが大切。適正に管理ができるように、行政が政策で促したり、がんばって管理している組合が市場で評価されたりするような仕組みが必要です。

――2020年6月には、改正マンション管理適正化法が成立しました

これまでの適正化法は、簡単に言うとマンションの区分所有者や組合が助けを求めて初めて行政が介入できるものでしたが、問題があればその前に指導や助言などができるようになりました。

加えて、管理をしっかりとしているマンションを認定する仕組みを採り入れ、本格的にマンションが適正に管理される体制が整いつつあります。

行政もマンション管理に関与する流れになっており、今後の管理の転換点が来ていると思います。

第2章

没交渉の住民

1 「もうあきらめた」 元理事長の嘆き

「顔見知りになって『一杯飲みに行こう』って言えるくらいの関係をつくりたかった。でも、もうあきらめています」

大阪府内の郊外地区。築22年のマンションで、夫婦で暮らす男性はこうこぼす。

2000年に50代半ばで入居し、11年4月から1年間、理事長を務めた。その直前には東日本大震災もあった。マンション内でのコミュニケーションが乏しいと感じ、住民に声をかけて茶話会を始めた。

「花を植えたい」

「将棋もやりたい」

「子ども会を立ち上げよう」

ほかの住民からも、そんな声があちこちから出た。

住民同士の「対立」が起きた

男性は「何でもやってみよう」とコミュニティー活動を進めた。集会室の利用が、管理組合の理事会と総会のときの年13回のみで、もったいないという思いもあった。

そのころ、約２００世帯ほどのマンションには子どもが60人ほどいた。育児のために在宅する時間が比較的長い母親も多く、発足した子ども会は桜祭りやクリスマス会を催すなど活発に活動していた。

しかし、子どもの成長につれてフルタイムで働くようになった人が１人辞め、２人辞め……。リーダーを担う人がいなくなり、５年ほどで活動を維持できなくなった。

その後、高齢化を背景に、男性はお年寄りの健康づくりになればと体操サークルを立ち上げた。約20人が参加していた。

ところが、住民同士の「対立」が起きた。

体操には参加していない各種イベント活動のリーダー役の女性が、手作りのケーキとお茶を持ってきた。これに、参加者の女性が「こういうのは嫌い」と言い出した。

突然のことに驚いた男性は、仲立ちができればと話し合いの場を設けた。しかし、声を荒らげるなどお互いの思いをぶつけ合うだけで、平行線のまま。リーダー役の女性がそれまで仕切っていた夏祭りまで、中止することになった。

振り返れば、伏線のようなできごとがあった。2人とも茶話会にも参加していた。それぞれがお茶を持ち寄っていたが、リーダーは手作りのケーキを持ってきていた。

男性は「手料理を持ってくることが煙たかったのか、管理組合のお金を使って料理していると思ったのか。結局、真相はわからない。人間関係の問題だと思います。私も首を突っ込むのは嫌になってしまった」と嘆く。

中止になった夏祭りにも苦情が相次いでいた。ビールやジュースは業者に無料で提供してもらったのに、管理組合からの支出と誤解して「みんなのお金で飲んでいる」との声が出た。立ち話をしているだけで「うるさい」と管理組合に苦情を訴える人もいた。

「マンションは、小さな村のようなもの。しょっちゅう顔を合わせるのに、いい関係を維持するのは難しいと実感しました。マンションが一つになれるように、と思ったのに残念です」

2人とも顔を出さなくなった体操サークルは、新型コロナの影響もあって活動を休止している。一時は十数人でにぎわった茶話会も、高齢化やぎくしゃくした人間関係もあって8年ほどで参加者がいなくなり、「休会」状態が続く。

男性は、金融機関で働いていたころはボーイスカウト活動に参加し、57歳で早期退職してからは数年間、高齢者施設などを訪ねるボランティア活動にも取り組んだ。

こうして、子どもたちや高齢者のために活動するのが「生きがい」だったという。

自らの子ども2人はすでに独立している。70代後半になった男性は今、マンションの園芸サークルに入り、共用部の花壇で草花の植え替えに精を出す。

「住民には好評ですが、参加は数人。細々と活動しています。1から10まで段取りすれば参加者が増えるかもしれませんが、その余力はありません。顔見知りが少なくなり、寂しくなりました」とつぶやく。

管理組合の役員辞退に「5万円」、それでも続出

その近くにある築25年のマンション。

「防災訓練や清掃活動に参加するのは、管理組合の役員だけです」

分譲当初から暮らす50代の女性は話す。

高齢化が進み、管理組合や自主防災組織の役員を「受けられない」という人が増えてきた。そこで、数年前、組合の役員を辞退する場合は「5万円と特別な理由が必要」と管理規約を変えた。

それでも、辞退する人は想定した以上に多い。「自分の財産である住居に無関心な人が多いのに驚きます」と言う。

「お年寄りの時間と知識を、積極的に管理組合などの活動に生かしてもらえれば、マンションのほかの住民も助かるし、本人の生きがいにもなってコミュニケーションも生まれると思うのですが……」

かつて、マンションの自治会が日帰りのバスツアーなども実施していた。しかし、参加

者はいつも同じ人たち。ほかの多くの住民たちとは、ほぼ没交渉な状態が続いている。災害時などを考えると、あいさつするくらいの関係はあってもいいはず——。そんな思いもあり、引き受ける人がいない民生委員も二十数年務めてきた。女性は二つのマンションを担当している。

しかし、マンションの住民に敬老の祝い金を持って行くと、「あんた誰や?」とけげんな顔をされる。緊急連絡先を記入するシートを持って行ったら、頭ごなしに「地域に何ができるの」と言われたこともある。

マンションの住民を気軽に訪問するのが恐ろしくなった。気が重い。民生委員の次の改選時には、もう引き受けないつもりだ。

「マンションで持続可能なコミュニティーをつくるには、どうすればいいのでしょうか」

女性は、新型コロナで住民の交流がさらに難しくなったと感じるという。

高経年マンションほど、コロナ禍で行事「中止」多く

市民団体「マンションコミュニティ研究会」が20年秋、全国のマンションの管理組合役

員や居住者あわせて316人を対象に聞いたアンケートによると、お祭りなどのコミュニティー行事をコロナ下でも「例年通り」に実施したという回答はわずか1・3%。「内容や規模を変更」も4・4%にとどまった。「以前からそのような活動はない」という回答も37・7%あったが、「中止」や「様子見」が計47・5%と半数近くを占めた。

調査のタイミングは、1回目の緊急事態宣言が出てから約半年後にあたり、高齢の居住者が多いとみられる築40年以上のマンションで、特に「中止」の割合が高かった。サークル活動やお茶会なども、21・8%が「ほぼ中止」していた。緊急事態宣言中やその前後は中止したものの、その後、「再開した」は13・9%。「以前からそのような活動はない」は50・3%だった。

同研究会代表で、マンション管理士の廣田信子さんは「コロナ禍が長引き、以前のような大人数が集まっての『コミュニティー活動』をそのまま復活させるのは現実的ではなくなっている。オンラインの活用など、新しいつながり方を考えるべきときにきている」と指摘している。

2 「煙たがられている？」修繕積立金の値上げ提案の反応は

「修繕積立金を見直しませんか」

自分たちの月々の負担を増やそう――。思い切った提案だった。

70代の男性は、大阪市内にある築20年超の分譲マンションで暮らす。

理事会でそう問題提起したのは、数年前のことだ。

契約時に「5年ごとの見直し」とされていた長期修繕計画は、10年ほど前に一度見直されたきり、放置されていた。

前回の計画見直しの翌年、修繕積立金は1平方メートルあたり70円程度から110円程度に値上げされた。当時の管理会社は約170円を提案したものの住民は大反対。しかし、国土交通省のガイドラインでは同じ規模のマンションだと335円が平均とされている。

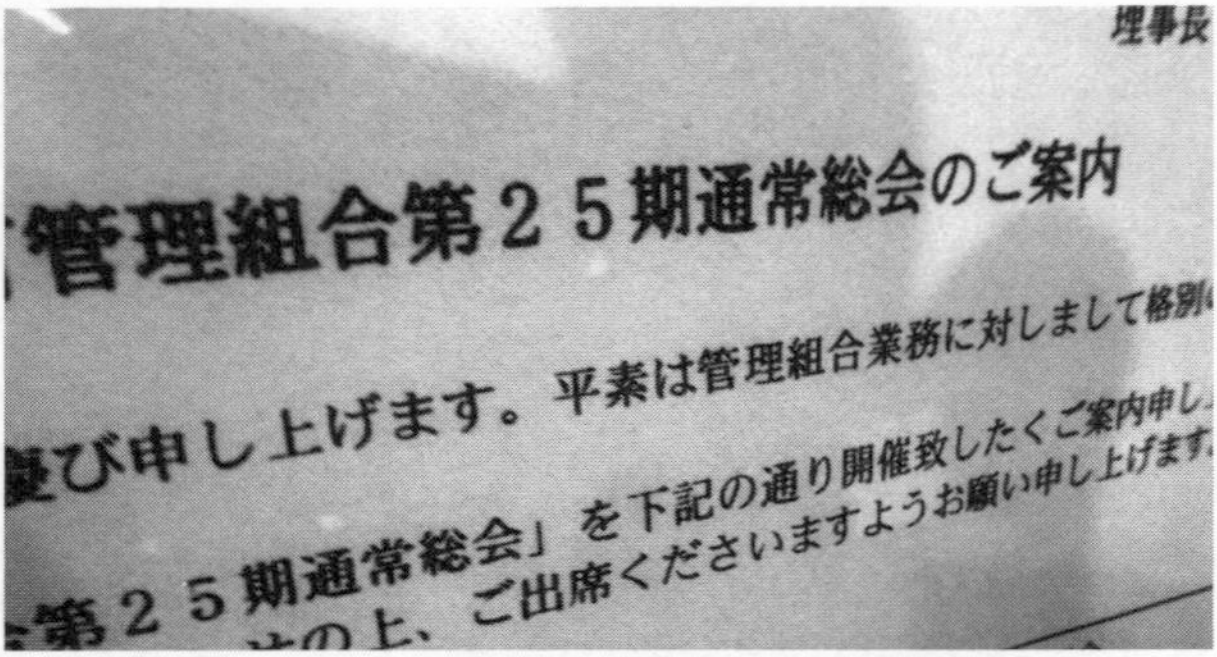
理事長
管理組合第２５期通常総会のご案内
平素は管理組合業務に対しまして格別
び申し上げます。
第２５期通常総会」を下記の通り開催致したくご案内申し
ご出席くださいますようお願い申し上げます
首都圏のあるマンション。管理組合総会の案内が掲示されていた

積極的に発言しても反応は鈍く

「いずれ足らなくなるのでは」

そんな危機感からの理事会での提案。しかし、ともにマンションを管理する「仲間」であるはずの理事たちの反応は、鈍かった。

「そこまで考えなくても……」

「今は別の課題が……」

理事は、２年交代で輪番制。「自分の期で、面倒なことをしたくない」という思いも感じた。

男性は、その後も「マンションをよくしたい」と理事会で積極的に発言するようにしていた。

しかし、ほかに意見をする人はほとんどいない。

「自分は煙たがられているのでは」という不安も感じ

るようになった。

そもそも、会議は管理会社が提示した議案に沿って進められ、時間が足りない。共用部の照明が切れているなど、目の前の課題が優先されるのは、ある意味では当然のことだとも思う。

進む高齢化　マンションの未来、決めるのは誰

男性は、妻と学生の息子と、3人で暮らす。長年、賃貸暮らしだったが、退職を機に思い切って新築で購入したのがこのマンションだ。住み慣れたエリアで、駅までも徒歩15分ほどと便利な立地。間取りや日当たりも申し分ない。当時には珍しく、バリアフリー化されていたことも決め手だった。「ついのすみかにできる」。不安はなかった。

でも最近は、マンションの未来に対する不安が募る。

まだ、「高経年マンション」というほど古くはない。

それでも、住民の高齢化は確実に進んでいる。入居時にはほとんどいなかった高齢者が目立つようになり、一人暮らしのお年寄りも増えつつある。マンションとしても、何らか

の対応が必要になるだろう。

住民だけではない。マンションそのものも、今後はあちこち劣化していくはずだ。修繕に高額な費用がかかりやすい立体駐車場もある。

しかし、これから年金暮らしの高齢者が増えるほど、積立金の値上げが難しくなることも考えられる。

男性は、まだ築3年ほどのころに管理費見直しの議論があったことを機に、マンションの管理に関心を持つようになった。セミナーなどに参加して勉強もしてきた。

「マンションは自分たちで管理するものなのだ」と気がついたのは、管理組合による総会や理事会というマンションでの意思決定の仕組みを意識するようになったからだ。

国交省が定めるマンションの「標準管理規約」によれば、区分所有者になると管理組合員の資格を持ち、すべての組合員が参加の対象となる総会は、少なくとも年に1度開かれる。理事会では、総会に提出する案などを検討する。

長期修繕計画の見直しには、総会での決議が必要になる。通常は、半分以上の組合員が出席して、そのうち過半数の同意があれば議決される。マンションの建て替えとなれば、より多くの組合員の同意が手続きとして求められる。

管理費見直しの議論があった20年ほど前は、同じようにマンション管理に関心がある仲間も数人いた。しかし、そろって高齢になった。今は話をしても、「気力がない」。気のない返事が返ってくる。

「住民同士は、普段はあいさつくらいの関係で、没交渉」。新しく仲間をつくりたくても、どうしたらいいのかがわからない。

このまま長期修繕計画や、積立金の見直しに関する議論が進まなければ、いずれこのマンションには買い手が付かなくなってしまうのではないか。

そう心配する男性は嘆く。

「どういうマンションを目指したいか、未来のことなんて話せる場がありません。自分たちでマンションの未来を考えず、大切なことも管理会社の言いなり。そんなままでは、『管理不全』に陥りかねません」

コロナ禍、合意形成も難しい？　オンラインの活用も

国交省のマンション総合調査（２０１８年度）によると、区分所有者のうち、総会に「ほとんど出席している」は約58％。「ほとんど出席していない」「全く出席していない」はあわせて約11％だった。

「ほとんど出席」は60代以降で多く、30～50代の現役世代では少ない傾向にある。

さらに、コロナ禍は、総会や理事会のあり方にも影響を及ぼす。

市民団体「マンションコミュニティ研究会」の20年秋のアンケートでは、全国のマンションの管理組合役員や居住者あわせて３１６人のうち、46・８％がコロナ禍で「合意形成がうまくいかなくなるのではないか」と不安を感じていた。「総会参加者に人数制限があり、合意形成ができるか心配」「建て替えに関する意見交換会が思うように行えない」といった悩みが集まった。

総会そのものは、コロナ禍でも「委任状などによって会場にくる人の人数を少なくする（67・０％）」「議案を少なくするなどして時間を短くする（15・７％）」などの工夫をした上

で、延期も含めてほとんどが開催していた。

しかし、「オンライン会議システムなどを活用して、リモートで総会に参加できるようにした」とするのは、調査時点では3・5％にとどまった（複数回答）。

それに対して、理事会などを含めれば21・5％が管理組合のなかでオンライン会議システムなどを「活用した」と答えた。ただ、築40年以上のマンションでは「活用した」が13・0％にとどまるなど、築年が古いほど活用している割合が低い傾向があった。

住民の年齢層の違いが影響しているとみられ、総会や理事会のオンライン化に関して課題を聞くと、「パソコンなどの機器を持っていない人がいる（46・8％）」「オンライン会議が苦手な人へのサポート体制がない（44・9％）」「自宅にインターネット環境がない人がいる（42・1％）」といった回答が上位に並んだ（複数回答）。

マンション管理会社の業界団体「マンション管理業協会」は20年12月、ITを活用した総会のあり方についてガイドラインを定め、オンライン総会のメリットとして「コロナ禍における感染リスクの低減」や「総会への出席の機会の拡大」をあげた。一方で、「区分所有者のIT環境やリテラシーによる格差を踏まえ、望ましい手法が検討されるべき」とも指摘した。

国交省も21年6月、標準管理規約を改正し、総会や理事会にオンライン会議システムなどを活用できることを明示している。

国交省の担当者は「オンライン会議を併用するなど選択肢を増やすことで、外出しにくい高齢者などが総会に参加しやすくなることが期待される」と話した。

3　リノベvs静かに暮らす権利？　住民の不協和音

ガガガガガガ……

ダン！　ダン！

また今日も、工事の音が鳴り響く。

「『静かに暮らす権利』は、ないのでしょうか」

埼玉県内にある築50年ほどのマンションで、新築当初から暮らす女性（69）は嘆く。

約150世帯のこのマンションでは、現在3件の内装工事が同時に進んでいる。

うち1件は女性の部屋の隣。もう1件は、3階上だが真上にあたる。

壁やブロックを破壊したり、大きな物を運んだり。振動も、壁に飾っている絵や写真の額が傾くほどだ。ひどいときは日中ずっと、騒音や振動に苦しめられる。ときには、コンクリートが発するのか、むわっとした独特の臭気まで、室内に立ちこめる。

ようやく静まったと思ったら、突然のドリルのような音に、驚いて声をあげてしまったこともある。飼っている猫は、おびえているのか、毛を逆立てる。

工事前に、業者はタオルを持ってあいさつに来た。しかし、女性は言う。

「それだけで2~3カ月も忍従の日々を過ごすのかと思うと、やりきれない。気持ちよく新住民を受け入れられそうにありません」

増加する「リノベーション」物件

大都市圏で新築マンションの価格が高騰するなか、中古物件を改修する「リノベーション」が人気だ。

女性が住むマンションにも、その「波」が押し寄せている。

背景には、住民の高齢化がある。

新築当初からここで暮らす「第一世代」は、亡くなったり、高齢者施設に移ったりと、「消えつつある」。孤独死も、珍しいことではなくなった。

手放す人も増える一方で、代わりに増えているのがリノベーションなどをして新たに入ってくる人たちだ。都心への通勤通学に便利な乗換駅までほど近いこともあり、高経年にもかかわらず人気があるらしい。

女性の家のポストにも、「売る人はいませんか」というチラシが頻繁に入る。そこには、業者がリフォームするので「そのまま退去ＯＫ」という内容も添えられている。

新しい入居者が決まるのと、大規模な内装工事が始まるのはほとんどセットだ。

特に耐えがたいのは、4～5日間にわたる解体工事の期間。掲示板に貼られる「工程表」で確認して、覚悟を決めるしかない。

騒音や振動は「家の中にはいられないほど」だ。しかし、コロナ禍では外出もためらわれるし、ストレスを感じているだろう飼い猫のことを思うと、「なるべくそばにいてあげなくては」と感じる。

そうして入ってくる住民は、廊下などで会えばあいさつを交わし、礼儀正しい。

リノベ済み……それでも建て替えに賛成してくれますか?

でも、マンションの管理にはどこまで関心があるのだろうか。

築50年を超えれば、建て替えも視野に入るころだ。ただ、建て替えるには、マンションの総会を開き、区分所有者の8割以上が賛成するなどの手続きが必要になる。

「リノベーションをしてきれいな部屋に住んでいる人たちが、賛成してくれるのだろうか」。合意形成への影響も気になる。

実際、新たな入居者は年1回の通常総会には出てこない人が多い。「廊下に私物を置かない」などのマンションのルールを守らない人も。「入居時に管理組合が渡すパンフレットを読んでいないのでは」と思う。

新しい人が来ることに、「第一世代」としてはメリットが感じられないという。

工事業者からは、「何かあったら連絡をください」と名刺を受け取っている。でも、工事をする以上、音や振動は避けられないだろう。

「業者からあいさつをされるだけでなく、どんな人が新しく住むのかもわかれば、少しは穏やかな気持ちで過ごせるのかもしれませんが……」。そう言って女性は続けた。

「お互いが気持ちよく暮らすには、リノベーションそのものを規制するしかないのではないでしょうか」

国土交通省のマンション総合調査（2018年度）によると、区分所有者のうち、「リフォームを実施した」人は約45％。その内容を聞くと、建てられた年が古いほど、「クロスやフローリングの張り替え」「設備の変更」だけでなく、「間取りの変更」も「実施した」が多くなる傾向にある。

法律上、それに伴う騒音や振動などはどう規制されているのか。


注文主にできることは？　トラブルにあったらどうすれば

マンショントラブルに詳しい桑田・中谷法律事務所（東京都）の桑田英隆弁護士によると、マンションそのものを建設する工事などとは違い、リノベーションなどの内装工事の騒音や振動を直接、規制する法律はない。

効力を持つのは、マンションごとに定めている管理規約だ。

ガイドラインとして国土交通省が公表し、実際に多くの管理組合がそれに準拠している「標準管理規約」をみると、専有部分の修繕などをするときのルールとして、工事中に騒音や振動といった影響が想定される場合には、あらかじめ理事長に届け出なければならないなどと定められている。届け出の内容は工事の期間など。また、リノベーションの内容によっては理事会の承認が必要な場合もある。

桑田弁護士によると、管理組合はこのような場合、申請者に対し、騒音や振動が抑えられる工事方法への変更や、複数の工事の日程が重ならないようにする工期の変更を要請することも考えられる。

住民の生活に配慮した工事が行われるよう、歯止めになる役割が期待されている管理組合。国交省の総合調査でも、専有部分の修繕などにあたっては「管理組合の承認が必要」と定めている組合は約74％にのぼった。そのほか、「組合への届け出が必要」が約40％、「隣接住戸等の承諾が必要」が約15％などだった（複数回答あり）。

ただ、「実際に、一つ一つの申請や届け出に対してどこまで細かく検討できているのか不明という問題はある」と桑田弁護士は話す。

管理規約とは別にマンションごとに定める使用細則などでは、工事の内容についてさらに細かく規定することもできる。たとえば、「工事は必要最低限に」「騒音にはできる限り配慮する」と書き加えるなどだ。

一方で、リノベーションなどで内装工事をすること自体は、それぞれ区分所有者の権利でもある。工事方法に一定の制限をかけることはできても、正当な理由がないのに工事そのものを拒否することはできないという。

では、騒音に悩まされたら、どうすればいいのか。桑田弁護士によると、環境省の基準では、主に住居用とされる地域などでは昼間は55デシベル以下、夜間は45デシベル以下に抑えることが目安とされている。しかし、自分で計測するのは簡単ではなく、「うるさい」と感じる程度は人や環境によっても異なる。

工事業者に「もう少し抑えられないか」と頼むなどしても改善されないときは、管理組合に相談する。標準管理規約では、必要に応じて理事長などが専有部分に立ち入ることもできるとされている。

住戸のリノベーションなどの工事は通常、小規模で工期も短いことなどから、差し止め請求などの法的な手段にでることは現実的とは言えない場合が多いという。

トラブルを防ぐため、工事を注文する側にもできることはある。

まず大切なのは、全てを業者任せにせず、住民へのあいさつや説明の内容を確認することだ。「この時期、このような作業をして、こんな音がでるかもしれない」などと、具体的に丁寧に説明してもらう。工期などについて、マンション内の掲示板などに貼り出すよう管理組合にお願いするのも効果的だ。

桑田弁護士は、「マンションでは誰もがリフォームをする可能性があります。丁寧な説明があることによって、『お互い様』と思える範囲が広がるかもしれません」と話す。

コロナ禍は「がんばりすぎない」

マンションコミュニティ研究会 廣田信子代表

お互い「没交渉」になりがちなマンション住まい。災害時や老後の安心を思うと、住民同士の関係づくりは大切です。とはいえ、「忙しくて時間はかけられない」「コロナ禍でイベントなども中止になった」と悩む人は多いでしょう。「マンションコミュニティ研究会」代表でマンション管理士の廣田信子さんは、「がんばりすぎない」ことがコミュニティーづくりのポイントだと言います。

焦らずにまずは雑談から

――マンションで「コミュニティーづくり」に取り組んでも、うまくいかなかったと悩む人は少なくないようです

「組織をつくって活動しようとしても、なかなか仲間が集まらない」という話はよく聞きますね。

大変なことをしても長続きしません。焦らず、気が合う仲間との雑談から、少しずつ輪を広げていく意識で取り組みましょう。

あいさつしたり、会費をきちんと払ったりということでも十分です。そうしたことが、信頼できる関係づくりにつながります。


――コロナ禍で、従来のようにマンションでお祭りを開催する、といったことは難しくなっています

これからの時代は、同じ趣味を持つ仲間や、子育て中の親などの小さいグループがいくつもあって、グループ同士も緩やかにつながる。そして、いざというときは情報交換ができる。そんな形が理想だと思います。

――集まりにくくなることで、コミュニティーの希薄化を心配する声もありますが

大人数で集まることだけが、コミュニティーではありません。緩やかなつながりでも十分。新しい形を考えるときが来ています。

オンライン会議の活用は大切です。高齢者が反対するという声も聞きますが、スマートフォン一つでできるのですから、ぜひ挑戦しましょう。会議をオンライン化することで、仕事や子育てで忙しい若い世代が関わりやすくなることにもつながります。

「マンションの未来」の共有を

――コミュニティーをつくりたいけど、きっかけがつかめない、という話も聞きます。なにから始めればいいのでしょう

住民には共通する話題があります。「マンションの未来」です。10年後、20年後、30年後のマンションをどうしたいか、ソフトに有志で話し合うことから始めてはいかがでしょうか。

――いきなり話し合いの場といっても、どう進めればいいのか見当がつきません

まずは管理組合で、マンションの未来についてアンケートを取って、「興味がある人は結果をもとにお話ししませんか」と呼びかけるのが

「マンションコミュニティ研究会」の廣田信子代表。写真＝本人提供

一つの手です。2022年4月には「マンション管理計画認定制度」が始まりました。これについて疑問点を出し合うのもいいですね。

――管理不全を防ぐため、修繕積立金や長期修繕計画などを自治体が審査し、適正なマンションに「太鼓判」を押すものですね。住民たちがマンションの未来を話し合うことが、なぜ大切なのでしょうか

将来、住み続けるにしても、貸し出すにしても、子どもに継ぐにしても、住み心地の良さと資産としての価値があることは大前提です。どんなマンションになったら楽しいか、自由に話す場があるといいですね。「緑があふれる場所に」など、夢のようなことでもいい。未来の話をして、ビジョンを持つことが、具体的な長寿命化の取り組みにつながっていきます。

高齢化時代、コミュニティーのあり方は

――マンションにおけるコミュニティーは、どのような形が理想だと思いますか

「コミュニティー」と言うと難しく感じますが、住民同士に助け合う気持ちがあれば十分

です。そしてそれは、そんなに難しいことではありません。いざとなったら助け合える人がほとんどだと思うのです。

私は千葉県浦安市のマンションに住んでいます。東日本大震災があった当時、近所付き合いはさほどありませんでしたが、液状化で敷地内にあふれた泥を協力して片付けるなど、自然に助け合うことができました。普段、特別なつながりはなくても、同じマンションに住んでいるということは、同じ価値観の中にいるのだと実感しました。

――高齢化が進み、高齢者をどう支えていくかも課題になっています

ここでも、「がんばりすぎない」ことがポイントです。高齢者が高齢者を支えるのは大変。今は、見守りセンサーを付けられる民間の警備会社のサービスもあります。自治体によっては補助もあるので、私はマンションでの活用を呼びかけています。住民が見回りをしなくても、安心です。

民間サービスを含め、必要な支援につながることをサポートするのが大事です。

――中古マンションを購入するときに、良好なコミュニティーがあるかどうか、見分けるポイントはありますか

まず、自分が「コミュニティー」とどう関わりたいかが大事です。一員として積極的に活動したいなら、どのようなことに取り組んでいるか聞くといいでしょう。

共通して大切なのは、管理組合がしっかりしていることです。理事が輪番で無理にやっているような場合は、いざというときの合意形成が難しいことが多い。耐震改修工事や断熱改修工事など、大がかりなことをやり遂げた実績があるマンションでは、住民同士の信頼関係が築けている可能性が高いと思います。

第3章

高齢化するマンション

1　認知症の母、マンション暮らしの高いハードル

「ここに鍵をさして開けるんやで」

マンションのエントランスホール。京都市の女性（50）は、当時60代後半だったアルツハイマー型認知症の母に、オートロックの扉の開け方を繰り返し説明した。数年前のことだ。

しかし、何度伝えても、母はどうしても1人ではできなかった。

母はもともと実家で一人暮らしだった。身の回りの介助が必要になってきたことから、長女である女性が住む分譲マンションで、別フロアにあった空き部屋を購入し、入居してもらった。

母は自宅玄関ドアの鍵は開けられた。しかし、オートロックの扉を解錠してマンション

に入ることができない。部屋にいる際にエントランスのインターホンで呼び出されても、エントランスではなく自宅玄関のドアを開けてしまい、オートロックの解錠操作ができなかった。

日中は仕事で不在になる女性は、母が通うデイサービスの送迎に困り、管理員に「(送迎で)必要なときはオートロックの扉を開けてもらえないか」と頼んだ。

最初は「防犯上できない」と断られたが、最後には対応してくれるようになった。

母は昼夜を問わず、自宅を出て「ひとり歩き」をするようになった。GPS端末が装着できる靴を母に履いてもらい、見守った。

女性の部屋を訪ねようとして、「部屋はどこ?」とマンションの子どもたちに聞こうと追いかけてしまったり、別の階の部屋のインターホンを鳴らして

アルツハイマー型認知症のため、マンションの自宅を出て「ひとり歩き」を繰り返すようになった母に、女性はGPS端末を装着できる専用の靴を履いてもらっていた。写真＝女性提供

しまったり。そんなトラブルも増えてきた。

一部の住民から、「仕事をやめて面倒をみては」「施設に入れては」と直接言われたこともあった。

オートロックが開けられず……

冷え込みが厳しかった、ある日のこと。

その夜、母は、靴を履かずにマンションの外に出てしまった。戻ろうとしてオートロックが開けられず、エントランスで困っているところを、マンションに住む女性の知り合いが見つけてくれた。

「これ以上は危険やな、と思いました」

母は2017年に認知症高齢者のグループホームに入居した。その後、20年に72歳で亡くなった。

「認知症の人がマンションで暮らし続けるのは難しい。顔認証でオートロックが開き、自宅まで誘導してくれるシステムができたらいいのに、と思います」

マンション管理員らが経験した認知症と思われる居住者の症状

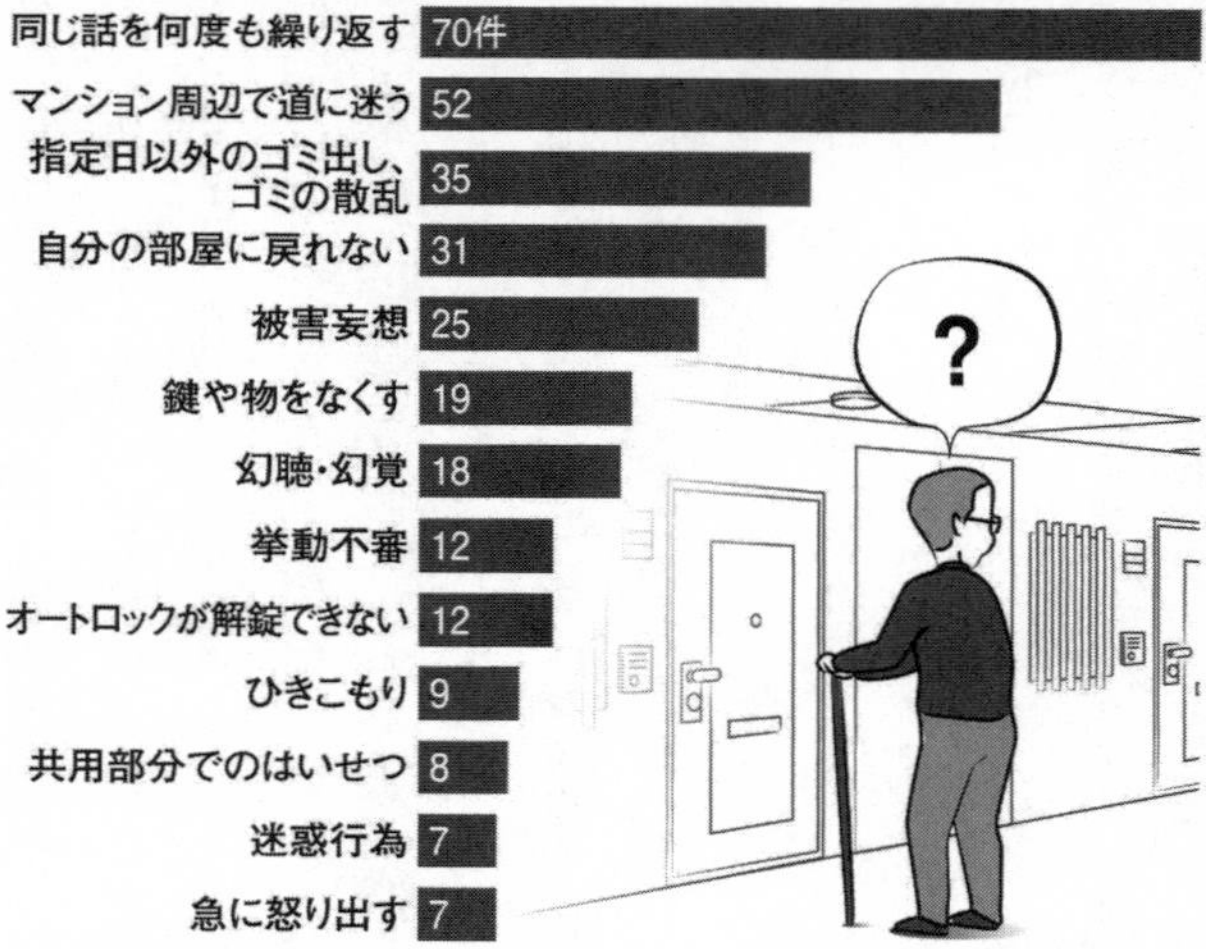

大和ライフネクストが実施したアンケートから。回答数は488（複数回答）

女性はそう振り返る。

マンションで認知症の人が暮らすことは、もう珍しいことではない。

大手管理会社が独自マニュアルを策定

そんななか、マンション管理大手の「大和ライフネクスト」（東京都港区）は、独自の取り組みを進めている。

管理員ら約1700人にアンケートを実施し、認知症とみられるマンション居住者に接したことがあるか、具体的にどのような経験をしたかなどを尋ね、「同じ話を何度も繰り返す」「マンション周辺で道に迷う」などといった事例に分類した。

それをもとに、管理員らを対象とした独自の社内マニュアル「マンションと認知症」を策定し、2022年度から利用している。2022年3月下旬にオンライン形式で開かれた日本認知症官民協議会でも、住宅業界の先進的な取り組みとして報告した。

マニュアルでは、アンケートで多く報告された例をあげ、対応を説明している。

たとえば、居住者がゴミ出しの日を間違えてしまったケース。アンケートでは「注意する」という対応をした例が23%と、「親族に相談」と並んで最も多かった。

マニュアル策定を担当した同社「マンションみらい価値研究所」の田中昌樹さんによると、「注意」は本来は望ましくないという。

マニュアルでは、直接的な注意は、本人がゴミ出しに恐怖を感じて部屋にゴミがあふれるなど逆効果にもなりかねない、などと解説。「今なら○○ゴミを持ってきてもいいですよ」などと回収前に声をかけ、誘導することを促している。

オートロックが開けられずマンションに入れなくなるケースはどうすべきか。

田中さんによると、個別対応はしないという原則から、管理員による解錠はしない方針のマンションもあるという。マニュアルでは、「居住者であれば管理員が解錠しても問題ない」と明記した。自宅がわからず迷っているのを見かけた場合も、「部屋まで案内する」対応を推奨している。

一人暮らしの高齢者が自宅からオートロックを開けられなくなると、福祉関係者や介護事業者の支援が届かないことにもつながる。マニュアルでは「管理組合に相談して対応方針を決めておくと良い」と助言している。

地域包括支援センターとも日ごろからやりとりし、もしものときに連携できるようにしておくことも呼びかけている。

困ったときに相談できる窓口の電話番号も紹介されている。居住者対応など業務上の悩みだけでなく、管理員本人や家族の認知症や介護の不安も相談できるという。

同研究所所長の久保依子さんによると、あるマンションでこんなできごとがあった。

植栽に排泄《はいせつ》物が何度か見つかり、不審者の侵入を心配した管理組合は、防犯カメラを設置。管理組合の理事らが録画を確認したところ、認知症と思われる高齢の居住者が排泄する場面が映し出された。理事会は家族に伝えたが、高齢者本人は「犯人扱いされた。やってない」と管理員に繰り返し訴え、業務に支障をきたす事態になってしまった——。

久保さんは「もし、その方の認知症や症状についての情報が少しでもわかっていれば、防犯カメラを設置してご本人の尊厳を傷つけなくてもすんだかもしれない」と話す。

「認知症を隠さざるを得ない社会の偏見を解消し、情報を共有しやすい環境にしていくことが重要ではないか。管理会社だけでできることは限られているが、本人や家族、管理組合と連携できれば、認知症の人を支援する可能性は広がります」

2　暗に退居迫られ……認知症の妻を介護、追い詰められた夫は

「夕ご飯がつくれない。コンビニで買ってきてくれない？」

スマホに妻から届いたそんなメールが、7年間にわたるマンションでの認知症介護のはじまりだった。

妻（59）は50代になってアルツハイマー型認知症と診断された。京都市の会社員男性（62）は、仕事を続けながら、マンションの自宅で妻を介護した。

厳しい状況に追い込んだのは、コロナ禍だった。

デイサービスを利用するようになった妻は、一時期は3カ所のデイに通っていた。あるデイサービスで感染者が出て、妻は濃厚接触者とみなされた。デイはもちろん、訪問介護も含めて、利用していた介護サービスがすべてストップしてしまった。

介護サービス停止で症状悪化、騒音の苦情が

男性は介護のため、会社を2週間休んだ。しかし、これをきっかけに、妻の症状は一気に悪化した。

連日のように深夜に起き出し、玄関のドアをどんどんたたき、「もう帰る」「うそつき」などと大声を出す。興奮して足を踏みならし、イスを放り投げることもあった。静かにさせなければと焦り、思わず手が出てしまったこともあった。

間もなく、騒音の苦情があるという注意書きが全戸に配布された。名指しこそされていないが、妻のことであるのは明らかだった。

管理会社に妻が認知症であることを説明した。しかし、それほど間を置かずに、2度目の文書が全戸配布された。

やりとりした管理会社側からは「これ以上続くなら厳しい」と、暗に退居を迫られた。できることは、深夜に大声を出してしまう妻を車に乗せ、一晩中ドライブすることぐらいだった。睡眠も満足にとれない状態が続いた。

車通りもない琵琶湖近くを走らせているときだった。

「このままハンドルを切ったら死ねる」

「山奥に妻を1人で降ろしたら」

そんな思いが頭をよぎった。

アルツハイマー型認知症の妻はマンションのオートロックが解錠できないため、男性は合鍵を何本もつくって介護事業者らに預けていた＝2022年４月、京都市（画像を一部加工しています）

「自分は病んでいる」

限界を感じた。

2020年秋、妻はグループホームに入居した。苦悩の末の決断だった。

長男が「がんばったやん」と声をかけてくれたのが救いだった。

男性は同じマンションに今も住む。テレビのそばの家族写真も、妻のために貼った「トイレ」という貼り紙も、すべてそのままだ。妻が慣れ親しんだ家から引っ越したくない。

「難しいとわかっていても、いつか妻をまた家に引き取りたいという気持ちがどこかにあるのかもしれません。あんなに一緒にいるのがつらかったのに、妻が可愛《かわい》て可愛て仕方ないんです。不思議ですね」

セキュリティーとプライバシーが重視されるオートロック式のマンション。

認知機能が低下したときには出入りも難しくなる。

男性の場合も、まずオートロックが介護の壁になった。1階のエントランスからインターホンで呼ばれても、妻はオートロックの扉を解錠できなかった。

男性が仕事に出かけた後に自宅を訪れるデイサービスの送迎職員らは、オートロックが解錠されないとマンションに入ることができない。

やむなく送迎の職員には合鍵を渡した。

オートロックの外にある宅配ロッカーの暗証番号をホームヘルパーらに伝えておき、鍵の受け渡しをしていた時期もあった。

「ほんまは防犯上あかんのでしょうけど」

でも、会社に行かなければならず、それしか方法がなかった。

「一軒家なら『鍵は玄関前の植木鉢の下』ですんだかもしれませんが、マンションでは難しい」。男性は振り返る。

近隣住民や支援機関の見守りに壁

一軒家と違い、同じようなデザインの玄関がずらりと並ぶマンションの空間も、認知機能が低下した人にとっては迷いやすい。

普段つきあいが乏しい人々が隣り合って暮らすマンションでは、認知症の症状にともなう近隣トラブルも生じやすくなる。

「認知症の人と家族の会」（本部・京都市）事務局長の鎌田松代さんによると、認知症の本人や家族が語り合う「つどい」の場でも、部屋を間違えてしまうなど、マンション生活でのトラブルに関わる悩みの声があがるようになっている、という。

地域包括支援センターでの勤務経験もある鎌田さんは、認知症の人に対する近隣住民や支援機関の見守り機能がマンションでは大幅に低下してしまう、と懸念する。

「一戸建てなら、気になる人には玄関先から声をかけたり、部屋の明かりがついているかを確認したり、といった見守りができる。家の周りを高齢者が歩き回っていれば、近所の人が心配して支援機関に連絡してくれることもある。だがオートロックのマンションは外部の人間が入り込む余地がなく、行動の異変が見えにくいのです」

3　たたずむあの人は「認知症?」 築40年のマンション、住民が憂うのは

「あと5年もしたら、どうなっちゃうんだろう」

東京23区内にある分譲マンション。１人で暮らしてきた70代女性は、ときおり不安に襲われる。

女性が住む高層マンションは、１９７０年代後半に完成した。大手ディベロッパーによる大型開発が相次ぎ、首都圏などで盛んにマンションが建てられた時期だ。

「あの人、認知症?」募る不安

それから40年余り。

新築当時に入居した人たちは、軒並み70~80代になった。

「あの人、認知症なのかな」

住民を見て、そう思うことは珍しくない。

「部屋に帰りましょうか」

エレベーターの前でぽつんとたたずむ高齢者に声をかけ、部屋まで連れていった。

「部屋に誰かがいる」

「お風呂で音がする」

しかし、そう訴えられても、それ以上はどうしてあげればいいのかわからない。

隣の部屋にも、認知症と思われる人が暮らしている。近くに暮らす家族が、本人が1人で出歩かないように鍵でもかけているのか、姿を見かけることはあまりない。

火事のときなどに逃げられるのか、心配になる。

自らも数年前にがんを患った。幸い今は元気だが、再発の不安は消えない。


倒れたとき、見つけてくれる人は?

介護サービスも使っておらず、ふだん訪ねてくる人はほとんどない。急に倒れたとき、誰か見つけてくれるのだろうか。

女性が懸念しているのは、自らや住民たちの健康状態だけではない。マンションは最寄り駅から徒歩5分。繁華街にも近く、立地はいい。しかし、ハザードマップでは、河川の氾濫《はんらん》などで浸水が想定される地域にある。電気設備は1階にあり、浸水すればエレベーターも使えなくなるはずだ。

年に1度は防災訓練をしているし、車いすを利用しているなど、階段を使えない人のリストも管理組合が作っている。

しかし、人の助けがあれば歩くことができるのか、あるいは寝たきりなのかなど、詳細までは把握していない。

住民同士は没交渉に近い。顔をあわせたらあいさつするように心がけてはいるが、相手がどこの誰なのか、ほとんどわからない。

「そもそもこれだけ高齢者ばかりになって、いざというときに誰が助けられるのだろう、とも。防災が必要だといっても、何から手をつければいいんでしょう」

女性が住んでいるフロアでは、約15戸のうち半数は、高齢などの理由で輪番の管理組合役員を引き受けるのも難しくなった。

「住民の高齢化に対して、どうすればいいのか。手が回らないうちに、あっという間に高齢化が進んでいく印象です」

国土交通省のマンション総合調査（2018年度）によると、マンションに住む世帯主は60代以上がほぼ半数を占める。80年代までに完成したマンションに限れば、60代以上は4分の3以上にものぼる。

建物も高齢化、浮上する積立金値上げ

住民が年を重ねるのと同様に、建物そのものも年を重ねていく。

女性は、高齢者施設に入らなければいけなくなるまで、老後もできればずっとここで暮らしたいと思っていたという。

少なくとも築30年のころまでは、それで問題ないと考えていた。管理費なども高くはなかった。

しかし、少し前に急きょ共用部の修繕工事をするなど、不具合も目立ってきた。これか

ら、水道管などでもトラブルが増えそうだ。

「人間が年をとると具合が悪くなるように、マンションもそうなんですね」

女性のマンションでは、今後の大規模修繕に向け、修繕積立金と管理費をあわせて月数千円値上げするという話が浮上している。

女性の収入は、忙しい時期にはほぼ毎日働く仕事と、公的年金をあわせて月10万円ほど。値上げは痛いし、いつまで働き続けられるかもわからない。かといって、今さら引っ越すわけにもいかない。

資材の高騰や人手不足で、さらに修繕費が上昇する心配もある。けれど年金暮らしの人が多いマンションでは、修繕積立金の値上げにも、おのずと限界がある。

「どこかで修繕をあきらめて、『マンションが朽ち果てても住み続けるよ』と言うしかなくなるんじゃないかな」

2020年末時点で、マンションのストック戸数は全国に675・3万戸ある。

かつての「住宅双六《すごろく》」では、賃貸マンションから分譲へ、そして一戸建てに住み替えれば「上がり」とされた。

1980年度には、マンション区分所有者のうち6割近かった「住み替え」を考えている人は、近年は2割にも満たない。一方、この女性のように「ついのすみか」として永住を考える人は、6割を超えるまでに増えた。

しかし、国交省の推計では、2020年で103・3万戸ある築40年超の「高経年マンション」は、20年後には404・6万戸へと急増する。

マンション総合調査によると、将来の大規模修繕に向けた修繕積立金が計画よりも不足しているマンションは、18年度時点で34・8%ある。

4　巨大団地のカフェで脳トレ　支援者もシニア住民

「存える」「準える」「直向き」「跋扈」……。

大きな紙に書き出された難読漢字の数々を、70～80代の女性8人が真剣な表情で見つめる。いわゆる「脳トレ」として取り組んでいる読み方クイズだ。

横浜市戸塚区にある大規模分譲団地「ドリームハイツ」(全23棟、約2300戸)。2022年3月末、地元のNPO法人「いこいの家　夢みん(むーみん)」で、コミュニティーカフェ「ゆめサロン」が開かれていた。

「認知症の心配がある人もそうでない人も、だれでも参加を」と呼びかける。この日訪れた高齢者も運営するボランティアも、全員がドリームハイツの入居者だ。

「ゆめサロン」は週1回。約2時間のメニューは、脳トレ以外にも「体操」「歌」「コーヒータイム」など盛りだくさん。参加者が楽しみにしている合唱では、この日は「糸」「なごり雪」「島唄」などを歌った。

ピアノで伴奏するのは、夢みん理事長の伊藤眞知子さん(71)。脳トレクイズを考えたり、コーヒーをいれたりする3人のボランティアも、すべて70代女性だった。

伊藤さんは「私たちの介護予防にもなります」と笑顔を見せる。

難読漢字の答えあわせが始まった。

「ながらえる」「なぞらえる」「ひたむき」「ばっこ」。正解が読み上げられるたび、参加者からは「ああ『ひたむき』ねー」などと声があがった。

ドリームハイツの入居は、1972年に始まった。

住民同士の交流は、入居当初に幼い子どもを育てていた親たちによる自主保育活動など

NPO法人「いこいの家　夢みん」が開催するコミュニティーカフェ「ゆめサロン」で、手指を動かす体操に取り組む参加者たち＝2022年3月、横浜市戸塚区

が原点にある。

それから約半世紀。子育て世代だった人たちは、高齢期を迎えている。

「おしゃべりできるのはここだけ」 欠かさず参加

ゆめサロンに欠かさず参加するという79歳の女性は、40年以上前、子どもが小学生のときからドリームハイツで暮らしてきた。

夫を亡くし、今は一人住まい。

「人とおしゃべりできるのはここだけ。来ると安心できます」と話す。

夢みんは、有償ボランティアで、ゴミ出しや買い物同行など高齢入居者への生活支援活動や見守り訪問も実施している。

こうした活動のなかで、「認知症かも？」という住民の変化に気づくことも少なくない。

ゆめサロンでコーヒーの料金を払ったことを忘れて何度も払おうとする、プログラムの曜日を間違える、ゴミ出し依頼をしたのにまったく覚えていない――。

「認知症が心配な利用者は明らかに増えています。そういう人が気兼ねなく参加しておしゃべりできる居場所が必要です」と伊藤さんは話す。

一人暮らしなど支援の緊急性が高く、ほっておけない高齢者がいるときは、普段からやりとりがある地域包括支援センターの担当者に声をかけることもあるという。

夢みんの活動にかかわる住民は、100人を超える。

ただ、その中心は70代だ。80代のボランティアが60代を支援することも珍しくない。運営委員も、自主保育の住民運動当時からつながるメンバーが支えている。

利用者も支援者も同じシニア世代。あるときは利用し、あるときはボランティアとして支援をする側に回る。そんな人も複数いる。

理事長の伊藤さんもその一人だ。

今は一人暮らし。夢みん運営の中核を担いながら、家具の移動などの力仕事や電球交換などでは、利用者として夢みんのボランティアの力を借りる。

課題は世代交代だ。

「70歳でも現役で働く人が増えているから、世代交代は難しい。有償ボラで一定の謝礼を渡すとしても、若い人の仕事になる活動ではない」。伊藤さんは悩みを明かす。

10年後も住民によるNPO活動を継続するために。クラウドファンディングなどで資金を確保し、今の子育て世代が集える新たな多世代交流カフェを設立できるよう、準備を進めている。

住民にできることは……学ぶことが備えの第一歩

認知症の人を含め、高齢者にとって暮らしやすいコミュニティーをつくるため、マンションの管理組合や住民にできることは何か。

認知症に詳しい京都府立医科大学の成本迅教授は2019年、法律家や福祉関係者らとともに『必携！ 認知症の人にやさしいマンションガイド』（クリエイツかもがわ）を出版した。

背景には、マンションで暮らす認知症高齢者、とりわけ独居の人の増加が、あと10年もすれば大都市圏で深刻な社会問題になるという危機感がある。

「もともと騒音問題などが起きやすいマンションで、認知症による幻覚などが重なり、近隣トラブルを生じている例も少なくない。住まいは生活の基盤であって、トラブルがあれば暮らしは破綻《はたん》してしまう」

長年の診療経験から、マンションで暮らす認知症高齢者は症状がかなり進んで受診に至る例が多いと感じている。「長年の人間関係がある地域の戸建ての住民であれば、一人暮らしでも、近所の友人が病院に連れてきてくれたり、地域包括支援センターに連絡してくれたり、ということがある。だがマンションではそうしたケースはほとんどない」

人づきあいが希薄になりがちなマンションでは、身寄りもなくて心配な隣人のことを地域包括支援センターなどに相談したくても、プライバシーに関わる情報を外部に伝えて大丈夫かという懸念もありそうだ。

成本教授によると、「近所に住む人が個人として地域包括に連絡する分には、個人情報保護法などの規制にはかからず、心配する必要はありません」という。

成本教授は、認知症について学ぶことが備えの第一歩だと指摘する。

「認知症=もの忘れと思い、被害妄想や幻覚などの症状が認知症と結びつかない人が多い。認知症サポーター養成講座などを受けるだけでも、かなり違ってくるはずです」

5　人生100年、40歳で購入したら老後の試算は？

大学を出て23歳から正社員として働き、30歳で同級生と結婚。40歳の今、子どもは10歳と7歳に。配偶者のパート収入とあわせて年収は750万円で、貯金は1千万円ある。そろそろマンションを買おうか――。

しかし、人生100年時代。先は長い。住宅ローンを抱えても、老後やりくりできるのだろうか。

ファイナンシャルプランナーの金子千春さんに家計を試算してもらいながら、老後に備えるためのポイントなどを聞いた。

この夫婦の家計のストーリーは、こうだ。

40歳時点で、本人の年収は650万円、配偶者のパート収入は100万円。家計収入の

40歳でマンションを買ったら、老後は…

FP金子千春さんの試算。単位は万円(千円単位を四捨五入)

マンション
・価格4300万円

ローン
・年利1.2%
月14万円
30年払い

夫婦40歳、子ども10歳、7歳
本人(会社員)の年収…650万円
配偶者(パート)の年収…100万円

		40歳	52	53	60	65	70	71	97	100
		貯金1千万円から頭金など支出	子ども2人とも大学生に	本人の年収のピーク。以降、下がる	**これ以降、収支が赤字に**	ともに退職、年金生活に。本人の退職金は2千万円	ローンが終了		**貯金が尽きる**	
収入(2人分)	給料(ボーナス込み)	63	82	83	57	0	0	0	0	0
	公的年金	0	0	0	0	**26**	**26**	**26**	**26**	**26**
支出	生活費	26	35	33	31	26	26	26	26	26
	教育費	5	23	10	0	0	0	0	0	0
	ローンなど住居費	15	16	16	16	16	16	2	2	2
	修繕積立費	1	1	1	1	1	1	1	1	1
	税・社会保険料	12	17	18	11	3	2	2	2	2
収支(月ごと)		4	**-10**	5	**-2**	**-20**	**-19**	**-5**	**-5**	**-5**
貯金残高		550	737	794	1486	**2757**	1612	1551	**-21**	**-202**

750万円は、2019年の国民生活基礎調査で「児童のいる世帯」の平均所得745万9千円とほぼ等しい。

定年後は貯金取り崩し、もつのはいつまで?

東京都心の新築物件には手が出ない。子育て世帯に人気の郊外エリアで、4300万円のマンションを選んだ。

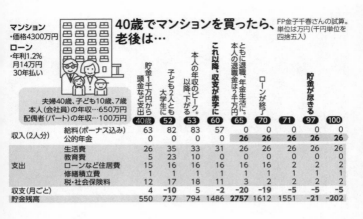

頭金300万円などは貯金から捻出した。住宅ローンの金利は固定で年1・2%。変動金利の方が固定より利率は低いが、支払額の安定を重視した。30年ローンでボーナス払いはなし。月々14万円の返済が始まる。

今10歳と7歳の子どもは、2人とも小学校から高校までは国公立に、大学は私立の文系コースに進み、ともに自宅から通学する。それでも学費は2人で計1884万円かかる。児童手当は試算に含めていない。

2人目も大学生になる2034年、52歳のころに教育費負担がピークを迎える。月額換算で23万円。ただ、本人の年収は、年功賃金制度のもとで50代前半までは上がり、月々の赤字は10万円ほどにおさまる。

53歳をピークに年収は下がり始めるものの、下の子も大学を卒業して教育費負担がなくなり、ようやく一息ついて貯金もできるようになる。

60歳からは同じ職場でも働き方が変わることで年収はさらに減り、配偶者のパート収入とあわせて700万円弱に。そして、65歳で定年を迎え、退職金として大学・大学院卒の平均的な額にあたる2千万円を手にし、公的年金に頼る暮らしがスタートする。それでもローン返済は続き、66歳以降の家計収支は赤字が続く。

予期しない出費がなければ、夫婦が96歳から97歳になるころまでは貯金がもつ計算だ。

100歳までは、あと少し——。

ところが、この試算に含まれない不確定要素はたくさんある。

たとえば、計画より上ぶれする可能性もある修繕積立金。今回は、2018年の国土交通省の調査をもとに月1万1千円と見込んでいるが、最近は資材価格や人件費が上昇している。マンションの老朽化も進み、月々の積立金がふくらむ恐れはある。

子どもが理系の大学に進んだり、予備校に通ったりすれば、もっと教育費がかかる。年をとれば、食費など夫婦の生活費は減っていく。

試算では、住居費を除いた消費支出を、2020年の総務省家計調査で世帯主が60代の場合（2人以上の世帯、月26万5千円）を参考に、月26万円と設定した。家計調査では世帯主70代以上の場合は21万4千円で、人によっては支出をさらに減らせるかもしれない。家計調査には保健医療費や、介護サービスの自己負担分も含まれているが、実際の支出額は個人差も大きい。

生命保険文化センターが、介護経験がある人に聞いたところ、月々の介護費用は平均8・3万円だったが、15万円以上と答えた人も約16％いた（2021年度）。

30年ローンの支払いは、年金暮らしになってからも70歳まで続く。公的年金制度には、物価や賃金の伸びよりも年金の伸びを抑えるマクロ経済スライドという仕組みがあり、老後に受け取る額は、これからの経済成長や労働力人口の推移によっても変わる。

40歳でマンションを買うのが、遅いのか。

しかし、国交省の調査によると、マンションを初めて購入する世帯主の平均年齢は39歳という。

金子さんも、「むしろ、家族がこれ以上増えない年齢になってから買う方が、部屋が手狭になって住み替える必要がなくなります」と話す。

金子さんによると、検討すべきなのは住宅ローンの繰り上げ返済。試算のケースで、仮に、子どもが2人とも大学を卒業した56歳の時点で300万円、60歳時点で500万円を返済すると、ローンは65歳で完済でき、利息を約87万円軽減できる効果がある。

金子さんは「現役時代にローンを払い終える見通しが立てば、不測の事態にも対応しやすい」。そのために、たとえば、子どもが中学生になった後は配偶者のパートの時間を増やして収入を増やせれば、配偶者が将来受け取る公的年金が増えることにもつながる。

資産を増やす手段として、つみたてNISAや、私的年金にあたる確定拠出年金（イデコ）などもある。こうした制度では税金の優遇措置も受けられる。

金子さんは、「住みたい地域や物件を決めてからローンを考える人が多いが、理想は自分が買える範囲を把握してから物件を探すこと。予算の中でより豊かに暮らせる方法を考えてほしい。物件を見たら舞い上がる気持ちはわかるが、腰を落ち着けて考えて。そうでないと、困るのは自分ですから」と助言する。

新築マンションの平均価格は過去最高

人口減少が続けば、マンションの価格が下がることにはならないのだろうか。

不動産経済研究所の調べによると、2021年は首都圏（東京、神奈川、埼玉、千葉）の新築分譲マンション1戸あたり平均価格（6260万円）がバブル期を上回って過去最高を記録したほか、全国平均も5115万円で過去最高に。近畿圏（大阪、兵庫、京都、奈良、滋賀、和歌山）も4562万円で4年連続上昇した。

東京都心の高額マンションが平均価格を押し上げているほか、土地代や施工費、建材費など建設コストの高止まりが影響。価格が高くても売れる人気エリアに供給が絞られてきていることも要因という。

同研究所の松田忠司上席主任研究員は、今後のマンション価格の見通しについて、「コスト面で価格が下がる要素が見当たらない」とし、「価格が高くても利便性が高い物件は、高収入の共働き夫婦（パワーカップル）の需要が高い」と分析する。

中古マンションはどうか。

不動産調査会社の東京カンテイの調べでは、21年の首都圏の中古マンションの平均価格（70平方メートル換算）は４１６６万円（対前年比11・6％増）。近畿圏は２６０７万円（同６・２％増）、中部圏（愛知、静岡、三重、岐阜）は２０７８万円（同６・７％増）で、３大都市圏すべて02年の調査開始以降、最高値になった。

同社市場調査部の井出武部長は「新築同様に生活や交通の利便性が高い物件が平均価格を押し上げている」と指摘している。

6　管理員が見た認知症のリアル　約3割が対応経験「あり」

マンションで暮らす認知症の人が増えている。接点が多い管理員の人たちに、大手マンション管理会社がアンケートしたところ、3割近くが認知症と思われる居住者に「対応したことがある」と答えた。どう向き合うべきか、戸惑う現状も浮き彫りになった。

アンケートは「大和ライフネクスト」(東京都港区)が実施し、2021年秋に公表した。それによると、管理員やフロント社員ら約1700人のうち27%が、なんらかのかたちで認知症と思われる居住者への対応をしたことがあった。特に、築40年以上が経過した「高経年マンション」では、「対応経験あり」が約半数に達した。

同社「マンションみらい価値研究所」所長の久保依子さんは「予想を上回る高い比率だった」と話す。

現場の困惑

アンケートでは、現場の困惑が伝わる様々な事例が報告されている。

「デイサービスの予定がない日にエントランスで待ち続ける」

「電気、ガス器具が壊れたと言って部屋に立ち入るよう何度も依頼される」

「修繕工事中の足場に入り込んでしまう」

「他人の自転車のかごに物を入れる」

「隣人が家に侵入して家財を盗んだと訴える」

こうした事例を分類すると、最も多かったのは「同じ話を何度も繰り返す」だった。話を打ち切ることができず、勤務時間を超過してしまうという声もあった。

「マンション周辺で道に迷う」「指定日以外のゴミ出し、ゴミの散乱」も多かった。

「自分の部屋に戻れない」「オートロックが解錠できない」といった、自宅への出入りにかかわるケースも少なくなかった。

「見守ってほしいと家族から要望があったが、なにかあったときに責任が生じるのではと不安」という声も寄せられた。

認知症の心配がある高齢者であっても、特定の居住者に個別に対応、支援することは原則として業務の範囲外になるという。しかし、見て見ぬふりはできず、管理員が悩んでいる状況があることがわかった。

超高齢社会で、認知症は居住者だけの問題ではない。マンションの管理員は、定年退職後に再就職したシニアも多い。同社では最長80歳まで管理員として働くことができ、平均年齢は60代半ばだ。

高齢の管理員自身が、認知症の当事者になる事例も発生している。

久保さんによると、2021年も、ごみ置き場の入り口と居住者宅の玄関を間違えてしまい、管理員が居住者宅のカギ穴を工具で壊しかけた事例が報告された。

管理員本人には記憶や自覚がなく、認知機能の低下が心配される状態だったという。

第4章

コミュニティー再生

1　自らの「挫折」乗り越え

……コミュニティー支援で起業した男性

仕事を終えた午後8時。窓越しに、レインボーブリッジの夜景が浮かぶ。池﨑健一郎さん（42）は東京・有明の自宅マンション最上階、33階にある共用施設・バーラウンジで、グラスを傾けていた。

「ブリリアマーレ有明タワー&ガーデン」に入居して間もない2011年夏のことだ。08年に竣《しゅん》工《こう》した1千戸超の巨大マンション。最上階はすべて共用で、ジムやプール、キッチンスタジオ、テラスもある。

エンジニアとして働き、妻と2人暮らしだった池﨑さんは、充実した共用施設に「知り合いができたら」と期待し、入居した。

「毎日何かがあるマンション」を目指して

しかし、この夜、ラウンジにいるのは池﨑さんとバーテンダーだけ。

「何のための共用施設なんだろう」

イベントに訪れたマンションの住民と語らう新都市生活研究所の池﨑健一郎さん（中央）＝2022年6月、東京都江東区の「ブリリアマーレ有明タワー＆ガーデン」

施設が利用できなくなる深夜1時近くまで、ほかに訪れる人はいなかった。

翌12年、管理組合の理事に立候補した。めざしたのは「毎日何かがあるマンション」。周辺に飲食店が少なかったことに着目し、バーラウンジで昼食も提供してもらうようにすると、利用者は5倍になった。住民が教えるヨガ教室を開くと満員に。ライブは事前に告知し、施設使用料の割引制度も導入するなど、33階まで足を運ぶ仕掛けを工夫した。

自らの交友関係も広がった。

管理組合の活動や共用施設の利用時に知り合った住民とゴルフや外食に出かけた。

「職場ではつながれない年齢層の違う様々な人と出会い、困ったことがあったら相談し合おうと話せるようになりました」

2022年6月5日、その33階で開かれたイベント。産地直送の豚肉の試食や無料のピアノコンサートなどに1日で延べ約300人が訪れ、あちこちに交流の輪ができた。

そこに、今は別のマンションに住む池﨑さんの姿もあった。

ここで管理組合の役員を6年務めた経験を生かし、21年に株式会社「新都市生活研究所」を立ち上げた。マンション管理組合と、イベントを提供する事業者との仲介などを通し、コミュニティーづくりを支援する。

この日のイベントも、同研究所が管理組合と業務委託契約を結んで開いたものだ。

マンション外の企業の力が必要

池﨑さんが起業に踏み切った原点には、ここの役員としてのある「挫折」があった。

月2回、出勤時間前にマンションで経営学を学ぶ「大学」を主宰していた。「学びのあるマンション」は付加価値を高める魅力になると考えた。知り合いの大学の先生に講師を打診すると、快諾してくれた。

15人ほどの住民が参加して好評だった。しかし、平日の朝6時から資料の準備、朝食の手配、講師の送迎に追われ、「疲れてしまった」。約半年で「大学」は終わった。

「個人の努力、手弁当でのイベントは長続きしないんです。継続するには、マンション外の企業の力が必要と痛感しました」

1人で立ち上げた同研究所の理念は、「マンション内で自然に住民が知り合い、体験を通してわくわくでき、それが資産価値にもつながる」ことだ。

住民と事業者の意向を聞き取ってイベント内容を考え、社員がスタッフとして実際の運営にあたる。共用施設を無料で提供してもらうだけで、管理組合との契約は無償。マンションで暮らす人たちの考え方はさまざまで、予算の捻出に合意を得るのが難しい場合もあることを考慮した。

住民の参加費も無料で、食事や物品購入などは実費を払ってもらい、イベント事業者からの仲介手数料や広告収入などで人件費や企画・運営費を賄っている。

現在、15社と提携し、契約を交わしたマンション管理組合は10カ所になった。

その一つ、2016年に竣工したさいたま市の「武蔵浦和SKY&GARDEN」(776戸)。21年12月の絵本の読み聞かせに始まり、ピアノコンサートや相続セミナーなど、月に1度のペースで提携事業者によるイベントが開かれている。

このマンションで同研究所が実施したアンケートでは、回答した162世帯のうち、住民同士で「コミュニケーションをとりたい」と入居前に考えていた人は、約6割いた。ところが、実際に入居してみて、マンション内の近所づきあいが「活発だ」と感じている人は、2割ほどにすぎなかった。

同研究所を雑誌で知り、理事会に契約を提案した会社員高橋和之さん(41)は、「交流したいのにできていない人が多い。イベントをきっかけに顔見知りになり、サークル活動が新たに生まれる流れもできれば」と期待をかける。

「住民全員が顔見知りになるのは現実的ではなく、数人でもいい。友だちの友だちと広がって、6割くらいの人とつながるのが心地いい距離感でしょう」と話す池﨑さん。

３年後には首都圏で契約マンション１００棟、提携事業者１００社をめざす。理念に共感してくれる事業者の開拓と、各マンションの状況にあったイベントを提案できるかがカギだと考えているという。

不動産会社もコミュニティーづくり

大手不動産会社にも、コミュニティーづくりに積極的に取り組む動きが出てきた。

東急不動産（東京都）は「世田谷中町プロジェクト」（東京都世田谷区）で、同じ敷地内に分譲マンションとサービス付き高齢者向け住宅（サ高住）のほか、認可保育園や介護事業所を設け、分譲マンションからサ高住への住み替えを支援する仕組みもつくった。「多世代が暮らす街」を掲げ、高齢化や待機児童、地域のコミュニティーの希薄化といった問題に対応する狙いがある。

17年度に入居が始まると、２５２戸の分譲マンションに子育て世帯から80代以上まで、幅広い層が集まった。最初の２年は、同社の担当者がお花見やクリスマス会といったイベントを開いたほか、住民が料理など得意分野でサークル活動を立ち上げるのを支援した。

担当者によると、介護が必要になっても住み慣れた場所で暮らし続けたいと考える高齢者のほか、子育て世帯にも「いろいろな世代がいることが、子どもにも良い影響を与えている」などと好評だという。

地域の人も巻き込んで

野村不動産（東京都）は、横浜市内の分譲マンション「プラウドシティ日吉」（約1300戸）で、敷地内に交流施設を建てた。

めざすのは、マンション内に限らず、地域の人も巻き込んだコミュニティーづくりだ。2階建ての交流施設は、同社が区分所有者となって建物の管理や修繕費用などを負担する。イベントなどに活用できる1階部分と、個室もあるワーキングスペースとした2階部分は、会費を払えば一部をのぞいて地域の住民も利用できる。

入居者と地域住民が一体となって活動してほしいという期待を込め、同社や管理組合、マンションと地域の住民、貸店舗の事業者らからなる非営利の一般社団法人を設立し、運営しているのが特徴だ。

この地区を担当する同社エリアマネジメント部推進課の伊藤学さん（46）によると、不動産会社も事業の提案にあたり、周辺も含めた地域の価値を高められる「エリアマネジメント」が求められるようになり、特に公有地の場合は入札の条件になることも多い。ほかの事業者よりも「選ばれるマンション」を開発することは経営上も欠かせないという。

伊藤さんはこう話す。

「これまではマンションを売ることが中心でした。人生100年時代になり、世代や地域の垣根を越えたコミュニティーを育み、街の価値を高めることも求められている。住む人の暮らし、過ごす時間や空間づくりまで責任を持つのが私たちの役割です」

2　入居時に面談？「子育てしたいと思えるマンション」を目指す

「子育てをするなら戸建てがいい」

そう考えていた会社員の男性（48）がいま、妻といずれも小学生の娘2人と暮らしているのは、築40年近い分譲マンションだ。

転勤に伴う「仮住まい」のつもりで5年前、たまたま賃貸で入った。そこを気に入り、空き部屋を購入することに決めた理由は、管理組合の取り組みだった。

「住民一人ひとりと顔見知りになるため」面談を

京都市内の西部を流れる桂川。桂離宮の対岸にある「ルミエール西京極」は、1983年に建てられた183戸のマンションだ。

東京からの転勤に伴って部屋を探した際、不動産屋に紹介された。立地や価格帯から、何げなく選んだ場所だった。

長く住むつもりはなかった。地元にあるマンションは、築何十年も経って値崩れし、空室が目立つものもあり、ネガティブなイメージを持っていた。いずれは子育て世代が住む地域で戸建てを購入したいと考えていた。

不動産屋からは「管理組合がしっかりしているところですよ」と聞かされた。

男性はそれまでずっと賃貸暮らし。マンションの管理組合との接点はあまりない。「入居時、管理組合による面談があります」。不動産屋にそう言われても、「意味がわからなかった」という。

「入居の審査ではありませんから」

そう聞いて望んだ「面談」は、ガラス張りの「交流室」で実施された。

3、4人の役員と顔を合わせ、お互いに自己紹介。マンションの敷地内を一緒に歩きながら、共有部分の説明を受けた。

「シンボルツリー」のケヤキがあることや、防災用で飲用にもできる井戸のこと、子どもの卒業時などには「記念植樹」としてさまざまな果樹を植えていることも聞いた。

夏祭りなどのイベントや、交流室で定期的に住民が交流するカフェが開かれているという説明もあった。「子どもがいるなら、参加したらどう?」。同じマンションに住んでいる子育て世帯も教えてもらった。

面談は、管理組合が「住民一人ひとりと顔見知りになるため」のものだった。

それまで暮らしたことがあるマンションの「ドライな空間」とは違い、人づきあいを重んじる姿勢を目にして「こういうマンションもあるんやと、新鮮に感じた」という。

進む高齢化、コミュニティーは「第2エンジン」

ルミエール西京極の管理組合は、マンションの管理規約に「ここで子どもを育てたいと思えること」をめざすと明記している。

規約を改定したのは、築30年を前にした2011年、2回目の大規模「改修」を実施したころのことだ。男性が住み始める5年ほど前にあたる。

築年数が増え、建物も住民も「高齢化」が進むと、マンションの資産価値は下がりがちだ。管理費などが思うように徴収できず、管理不全に陥ることもある。

単に目の前の高齢化に対処するだけでなく、新たに若い住民も入ってくる「循環型」マンションをつくることができれば、マンションが活性化して資産価値も高められるのではーー。そう考えたという。

管理組合は「子育て支援」を打ち出し、マンションの「第2エンジン」としてのコミュニティーづくりの拠点にするため、もとは店舗だったスペースを買い取るために組合を法人化。ガラス張りで開放的な交流室につくり変えた。子どもたちは夕方、塾に行くまでの時間などをそこで過ごすようになった。

コロナ禍前は月1回、手作りのお菓子が出る「カフェ」を開催。子どもたちだけでなく、入居しているお年寄りも集まった。

こうしたイベントなどを通して世代を超えた交流が増え、学校から帰ってきた子どもたちに顔見知りの大人が声をかける場面もさらに多くなった。

管理組合は、通勤や通学、子どもの送り迎えなどで自由に使えるよう、シェア自転車も用意している。今は40台以上があり、自分の自転車を持つ人は少ない。男性も、買い物な

手作りのぶどう棚の横で、マンションでの「夢」を語る能登恒彦さん。収穫期には住民みんなで楽しむ＝2022年２月、京都市右京区西京極のルミエール西京極

どで日常的に使っているという。

こうした取り組みがすべて、「住民のアイデアで実現している」と男性が知ったのは、賃貸で入居してしばらくしてからだった。

暮らすうち、「将来をみすえて管理している住民たちがいるここなら、長く住むこともできる」と考え始めた。空き部屋が出た2年前に、購入を決めた。数カ月後には、管理組合の理事会にも加わることになった。

コロナ禍で、カフェや大規模なイベントは休止が続いた。今は少しずつ、再開に向けた準備を進めている。

管理組合の常任理事・能登恒彦さん（66）はこう話す。

「イベントの開催は、コミュニティーの一面に過ぎない。10年以上の長いスパンで、未来を考える関係が、ここにはある」

今後は、「子ども食堂や学童保育などもしたい」と能登さんは夢を描く。

高経年になっても、子育て世帯に選ばれるマンションをめざしてきたルミエール西京極。今、空き部屋はほとんどない。

マンション選び、管理組合にも注目を

マンションを選ぶにあたって、管理組合による管理やコミュニティー活動を考慮している人は、どれぐらいいるのだろうか。

国土交通省のマンション総合調査（18年度）によると、マンション購入の際に考慮した項目（複数回答）は、「駅からの距離など交通利便性」が最多で72・6％に上った。以下、「間取り」（63・7％）、「日常の買い物環境」（52・8％）と続く。

これに対し、「共用部分の維持管理状況」は11・5％、「地域やマンション内のコミュニティー活動」4・0％など、管理や運営面を考慮した人はあまり多くはない。

しかし、不動産コンサルティング「さくら事務所」（東京）のマンション管理コンサルタント土屋輝之さんは、「維持・管理面も重要です」と説く。

中古物件なら、新築に比べて管理の実態が把握しやすい。土屋さんは「物件の検討段階に入ったら、仲介業者に依頼し、総会の議事録を閲覧しましょう」と助言する。

総会が毎年開かれているかを確認し、理事会開催の頻度にも注目。住民が活発に活動しているかどうかを判断する尺度になるため、理事会が毎月開催されていることが望ましいという。水漏れなどの修繕記録にも目を向け、懸案事項を把握。迅速に修理しているかどうかを確認する。

長期修繕計画にも目を配ろう。高経年化したマンションが増え、長期修繕計画を作成している管理組合の割合も増えているが、国交省の総合調査では7・0％の組合が「作成していない」と答えた。計画があっても、長期間更新していないことも多いという。

新築物件はどうか。

土屋さんは「新築物件は未来予測になり、難しい面があります」と前置きした上で、管理を任せる予定の業者について、経営状況などを確認しておいた方がいいとアドバイスする。管理会社の情報は、一般社団法人「マンション管理業協会」（正会員数約350社）のホームページで、正会員の従業員数や管理実績、財務状況などを確認できる。

土屋さんは、「管理人の勤務体系一つとっても、月に数回しか来ない巡回か、日中だけの日勤か、夜間もいる常駐なのかで、住み心地や防災の観点から差が出てきます」と話している。

3　がん宣告、支えたのは……資産価値にも貢献する交流

「進行性の前立腺がんで、骨やリンパに転移しています。治る見込みはありません」

久保吉生さん（77）が医師にそう告げられたのは、もう6年前のことだ。

放射線治療も手術も不可能だと医師は説明した。「もう最期か」。自分で資料を調べると、5年生存率は約23％だという。

ホルモン剤で治療を進めることになった。食欲がなくなり、体重は10キロ減った。

生きる気力を失いかけたとき、支えになったのは、大規模マンションでつながった「サークル仲間」だった。


「ついのすみかと思えるようになった」

久保さんは、49歳だった1993年、竣工《しゅんこう》まもない「ヴィルフォーレ稲毛《いなげ》」の1室を購入し、家族とともに入居した。千葉市内にある660戸の大規模マンションだ。65歳になって招かれたのを機に、高齢者が集う「若葉会」に顔を出すようになり、仲間に推されて「いきいき体操」のサークルを立ち上げた。

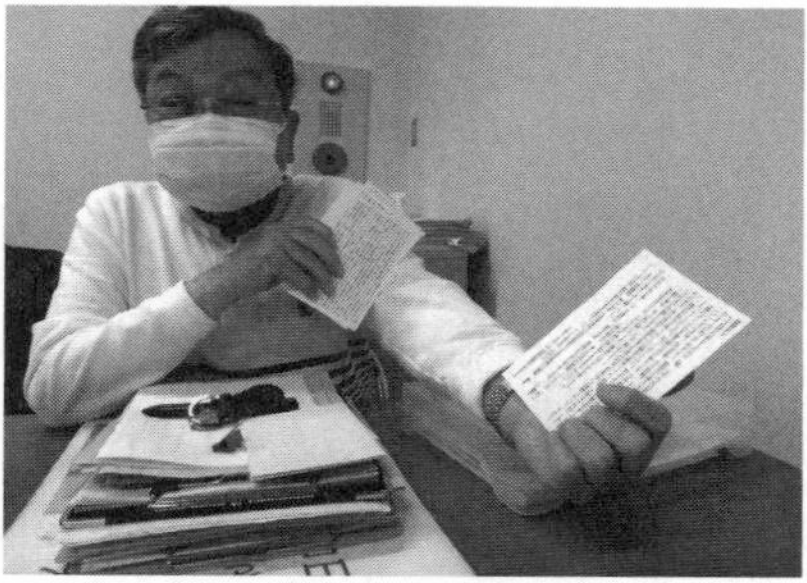
マンション内で「いきいき体操」のサークルを立ち上げた久保吉生さんは、亡くなった参加者の男性からもらったはがきを大事に保管している＝2022年6月、千葉市のヴィルフォーレ稲毛

現役を退き、何をするにもおっくうになっていた自分にも「出番」があり、みんなにも喜んでもらえる――。それが生活の張りにもなっていた。

そんななかで、突然のがん宣告だった。

サークルの仲間にも、しばらくは言えなかった。ある日、体調の異変に気づいた仲間が「どうしたの？」と声をかけてきた。がんを打ち明け、若葉会で教わった呼吸法に取り組んでいることを明かすと、「よかった。涙が出るほどうれしい」と言ってくれた。

「いきいき体操」に参加していた90代の男性からは、「体を大事にしてください」と添えられた年賀状や寒中見舞いが送られてきた。はがきのやりとりは、男性が2年前に亡くなるまで続いた。

「仲間に救われて、自分なりに病気に対処していこうと思えた。互いに思いやり、頼り、頼られ、孤立しない関係は、この団地ならではのもの。ここがついのすみかと思えるようになった」と久保さんは話す。

高齢者ばかりのサークル、課題は若者の参加

2021年、管理組合の管理委員に就き、高齢者対策を担うことになった。

分譲が始まってから、30年以上が経つ。2004年に52歳だった世帯主の平均年齢は、19年には65歳になった。24年には、75歳以上が世帯主の約4割を占めるようになると予測されている。

妻もメンバーの「いきいき体操」サークルに登録している約20人は、平均年齢が約80歳。「グラウンドゴルフ」のサークルで活動する約30人も、久保さんも含めていずれも70代後

半から80代だ。

ここで暮らす約1400人が一度に集まるのは無理でも、10人ずつでも10のサークルがあれば100人単位のコミュニティーができる。そう考えて管理組合が推奨してきたサークル活動はいま、10ほどある。

テニスや囲碁、書道……。いずれも、分譲当初に入った「第一世代」が中心を占める。中古価格が下落したこともあって、子育て世代など若い人の入居は増えているものの、サークルに新たに加わる若い人は、ほとんどいない。

さらに、世代を超えた交流の場になっていた夏祭り、もちつき大会などの行事は、新型コロナウイルスの感染が広がってから中止が続く。


コミュニティーづくり、着目したのは「防災」


2022年6月の上旬。管理組合が購入した簡易トイレが、2日間かけて全戸に配布された。

8棟ある各棟の防災委員らが1戸ずつ訪ねて手渡す初めての試み。住民と顔見知りになり、会話のきっかけにする狙いがある。

高齢者ばかりになりがちなサークル活動だけでなく、世代を超えたコミュニティーをどうつくっていけばいいのか。そこで、全員にかかわる「防災」に着目した管理組合は２０２０年、防災部会を正式に発足させた。

共用施設を一時避難所として市に認定してもらい、万一のときに支援が必要かどうかを各棟で住民にアンケートするなど、さまざまな取り組みが始まっている。

前理事長の千場清司さん（66）は、「既存のサークルに若い世代を取り込むのは難しい。サークル活動を基盤にしつつも、老若男女が共通して関心のある防災を入り口にして、交流の輪を広げる方向へとかじを切った」と説明する。

国土交通省のマンション総合調査（18年度）によると、管理に関して取り組むべき課題を複数回答で聞くと、区分所有者が最も多くあげたのは「防災対策」（約34％）だった。

しかし、管理組合に防災対策を複数回答で聞いたところ、「特に何もしていない」は約23％あり、「定期的に防災訓練を実施」（約44％）、「災害時の避難場所を周知」（約30％）に次いで多かった。「災害時のマニュアルを作成」は約19％、「防災用名簿を作成」は約９％

にとどまった。

命救った居住者台帳　安全・安心の「現代版長屋」

神奈川県横須賀市。東京湾岸の埋め立て地に309戸の「よこすか海辺ニュータウン・ソフィアステイシア」が立つ。

自治会が、緊急事態に備え、世帯ごとに緊急連絡先などの記入を呼びかけてきた「居住者台帳」の提出率は、約96%にのぼっている。

自治会の初代会長で、いまは副会長を務める安部俊一さん（73）によると、台帳をつくり始めた05年以降、しばらくは提出を渋る世帯も少なくなかったという。

災害だけでなく、事故や救急救命のために、血液型や既往症、かかりつけ医療機関や常用薬、禁忌薬も記入を求めており、個人情報を提供することへの懸念が根強かったからだ。

しかし、あるできごとがきっかけで、理解が一気に広がった。

夏の深夜、重度の熱中症になった一人暮らしのお年寄りが、自治会役員の携帯電話に救助を求めた。連絡を受けた安部さんは、台帳に基づいてかかりつけ医に連絡。駆けつけた救急隊員には、既往症や常用薬、禁忌薬などを伝えた。すばやい対応に、お年寄りは一命をとりとめた。

一人暮らしの安部さんも、マンション内の知人らに自宅の鍵を預けており、毎朝、「安否確認」のラインも届く。「孤立や孤独死の不安はありません。現代版の長屋のようなものです」

14年度に始まった内閣府の「地区防災計画制度」ではモデル事業に選ばれた。国や自治体レベルではなく、マンション独自の「地区防災計画」は345ページに及ぶ。

「安全で安心なマンション」としてメディアで取り上げられることで資産価値も上がり、価格は分譲当初のころを上回る。

安部さんは、「今後、助ける側の若い世代にもさらに転入してほしい」と期待する。

防災はコミュニティーづくりの入り口に

跡見学園女子大学（東京都）の鍵屋一《はじめ》教授（地域防災）は、「多くのマンションでは、『管理会社が何とかしてくれる』という思いもあって、住民の防災への意識が低いのが現状だが、管理会社も防災に力を入れているところは少ない」と指摘する。

「資産価値を高めることにつながるだけではなく、防災はコミュニティーづくりの入り口にもなる。いざというときに助け合える関係があることは、住民の生きがいにもなる」と話している。

4　大規模停電をしのいだマンション

午前3時7分。カタカタという物音とともにベッドが揺れた。マンション2階で子どもと就寝中だった檜野《ひの》久子さん（42）は、跳び起きてテレビをつけた。震度5弱。2018年9月6日、最大震度7を記録した北海道胆振《いぶり》東部地震だ。停電は道内ほぼ全域に及んだ。水道管の破損だけでなく、水をくみあげる電動ポンプが動かせなくなって断水したマンションも数多かったとみられている。

災害時の支援に奮闘、感謝の声が続々と

檜野さんは、札幌市東部にある約540戸の「パーク・シティ大谷地団地」で暮らす。管理組合理事で、災害時などに要支援者を助ける団地内の「サポーター」でもある檜野

さんは、対策本部が立ち上がる管理棟へ向かった。エレベーターも止まっていた。

集まったほかのサポーターとともに、受水槽からポリタンクに水を入れ、支援を待つ住民のもとへ向かった。

「大丈夫ですか」

ドアをたたき、階段を下りては上った。その姿を見た中高生らも支援に加わった。足が不自由で、「水はあきらめていた」という高齢の夫婦もいた。

地震から3日後、住民の集まりがあった。

なかには、涙ぐむ人もいた。

「ここに住んでいて、よかった」

「自慢できる団地」

感謝の言葉が続いた。檜野さんのもとには、「ありがとう」という手紙も届いた。

サポーター制度のきっかけは、東日本大震災

看護師として働く檜野さん。15年に家族4人で賃貸マンションから引っ越してきた。マンション内のラジオ体操の会に子どもと参加したことをきっかけに、交友が広がった。高齢化が進むなかでお年寄りの姿が気にかかるようになり、サポーターに登録していた。

いまは自主防災協議会の委員も務める。「いろんな活動を通してつながりができた。同じ棟の上の階に暮らす高齢のご夫婦とも親しくなり、災害時に何かあったら避難させてもらうことになっているんです」

パーク・シティ大谷地団地で「サポーター」を務める檜野久子さん＝2022年３月、札幌市

かつて管理組合理事長としてラジオ体操の会を立ち上げ、サポーター制度も発案した、現在副理事長の髙畠《たかばたけ》　茂樹さん（78）は、「地道な取り組みが、胆振東部地震で実を結んだ」と振り返る。

サポーター制度のきっかけは、東日本大震災だった。発災の翌12年、仕事で仙台市を訪れた髙畠さんは、被災地の光景に言葉を失った。自らを含め、14階建て5棟に約１２５０人が暮らす大谷地団地が頭をよぎった。「災害が起きたら悲惨な状況になる。何かやらねば」

かつては「避難マニュアル配布」程度

当時、大谷地団地の防災対策は、全戸に配布された避難マニュアルぐらいだった。管理組合の理事長に推されたのを機に、災害時に支援を希望する人を事前に把握しておき、いざというときには住民が手助けする仕組みとして「助け合いカード登録者・サポーター制度」を提案。16年に実現した。

全住民にアンケートを実施し、登録を希望する人には、生年月日や電話番号のほか、一人暮らしか、つえや車いすなどを使用しているか、病気や障害の名称、緊急時の連絡先などを書いてもらった。

個人情報に関わることもあり、「そんなことは無理」との意見もあった。閲覧は組合役員とサポーターに限ることで理解を得た。

支援を望んで登録した人は40人。この人たちを支えるサポーターを募ると40人が手を挙げてくれた。災害時の安否確認、避難誘導や情報提供などのほか、日常の見守りも担ってもらう。月に1度、健康状態や困ったことがないかなどを尋ねる訪問から始めた。

サポーターは年2回集まり、見守り活動で知り得た登録者の情報を交換する。同じ時期に登録した人との集いも開き、災害時や日常に必要な支援を具体的に聞き取る。

防災訓練や備蓄品の準備などを行う「自主防災協議会」も立ち上げた。

胆振東部地震が起きたとき、高畠さんは仕事の関係で、約300キロ離れた函館市に滞在していた。帰宅したのは夜9時半。対策本部へ駆けつけると、登録者の安否確認や、スマホを充電するための発電機、飲料水の提供などが進んでいた。

「日ごろの備えのお陰でみんなが安心できていると思うと、感動しました」

100年住み続けられる環境づくりを目指して

それから約4年。

高畠さんは、自らもサポーターとして、ふだんの見守り活動を続けている。

「お元気ですか」

「コロナに気をつけてくださいね」

支援を希望する人たちの郵便受けに新聞などがたまっていないかを確認し、インターホン越しに声をかける。

3月下旬のこの日は、50代~90代の女性5人を訪ねた。そのうち、心臓の病気を患っているという女性(53)は、「夫は仕事で不在がちなこともあり、日ごろからコミュニケーションがとれるのは安心です」と話す。

支援を望む登録者は45人になった。ただ、サポーターの人数は40人で増えてはいない。以前からここで暮らす人に加え、新たに入ってくるお年寄りもいて、65歳以上の人は300人を超える。そのなかでサポーターを増やすなど、いかに活動を広げ、継続していくか。

高畠さんは、「ついのすみかと考える居住者が増え、高齢化が進むなかで、安心して住み続けるには、何かあったときに助けあえるほど良い関わりが必要です。心地よく100年住み続けられる環境づくりを、時間をかけて進めていきたい」と話した。

防災は「楽しく」まずはあいさつから

没交渉になりがちな近所づきあいに加え、閉じ込められる恐れがあるエレベーターや、高層階の避難の難しさなど、災害とからめて不安が語られやすいマンション。しかし、NPO法人「日本防災士会」の大阪府支部で副支部長を務める田中実さん（71）は、「一方で、心強い住まいとも言えます」と語る。

プライバシーは保ちながらも、壁ひとつ隔てれば隣人がおり、いざというときは「5秒でお隣です」。同じフロアの人が1室に集まり、余震をしのいだ事例もあるという。進む高齢化に対しても「人生経験が豊かな人が多いことは、弱みではなく、強みだと考えることもできます」と田中さんは言う。

自身が暮らす大阪府内のマンションで、管理組合の組織として自主防災会を立ち上げた。理事会の慰労会で「南海トラフ大地震が起きたらどうなるのか？」という話が出て、有志が集まったのがきっかけだった。建築に詳しい住民などに声をかけ、独自の防災計画もつくって管理規約の一部に位置づけた。

防災を進めるためにも、住民同士、ふだんのコミュニケーションは欠かせない。

田中さんは「感情的な対立は禁物」と言う。一度壊れた人間関係は、修復が難しいもの。「私がみんなに伝えているのは、ひとの批判はしない、政治の話をしない、宗教の話をしない、この三つです」

18年9月の台風21号で、田中さんが暮らすマンションは水と電気がとまった。会社を休んで給水活動にあたった自主防災会のメンバーの横を、無言で出勤していく人もいた。メンバーからは憤る声も出たが、田中さんは「やむを得ない」と諭したという。

「それぞれに事情があるし、防災活動は自主的なもの。責めるより『お仕事お疲れさま』と声をかければ、『休みの日には手伝います』と言ってくれるかもしれません」

停電が復旧したとき、多くの人が室外に出て、手をたたいて防災会メンバーをたたえてくれたという。

田中さんは「自主防災は、お互いに助け合って楽しく。楽しくなければ続きません。そして、焦らず、がんばらず、怠らず。ちょっとしたあいさつから、始めてみたらいいのではないでしょうか」と話している。

5　高齢化する団地に若者を呼び込む　家賃割引も

高齢化が進む団地で、「コミュニティー」をきっかけに若い世代を呼び込もうとする動きがある。全国各地で団地を運営するＵＲ都市機構が力をいれるのは、多世代交流だ。若い世代に対する家賃の割引などに加え、魅力的な街づくりにも取り組んでいる。

ＵＲは全国に計１４５９団地を持つ。

２０２０年度の調査では、居住者の平均年齢は52・7歳。高齢化率は36・9％で、全国平均の29％を大きく上回る。

大学と連携　学生が暮らすまちに

１９６８年に入居が始まった高蔵寺《こうぞうじ》ニュータウン（愛知県春日井市）では、現在、近くにある中部大学の学生約40人が暮らす。大学と市、UR中部支社が2015年度に本格的に始めた「地域連携住居」の利用者だ。

学生は、自治会が主催する町内行事を手伝うなど「地域貢献活動」をする代わり、URの賃貸住宅に通常の2割引きで住める。

エレベーターがない建物で4階以上になるが、家賃は2DKで3万円ほど。中部大によると、春日井市内のワンルームマンションの相場は4万円ほどで、格安になっている。

きっかけは、地域での活動を通じた学生の成長を狙う大学側の提案。中部支社の担当者は「世代間の交流が生まれて団地が活性化している。住民からも好評です」と話す。

中部大の学生だった豊田稜介さん(24)は2022年春に就職するまでの5年間、ニュータウンに暮らした。公園の草取り、防災訓練や小学校の運動会の準備、餅つきなどに参加したという。4年ほど前には、道に迷った認知症の高齢女性を自宅近くまで送り届けた。

いま、地元の静岡県で高校の教師として働く。和太鼓部の顧問にもなり、地域の祭りで演奏するなど、イベント参加も多い。そんなときには、学生時代に参加していた地域活動を思い出すという。

「学校も、地域と関わることが大切と言われている。学生時代に地域活動が経験できてよかった。これからにもいかしていきたい」

同じく、制度を利用してニュータウンで暮らした上野左京さん(24)も「地域活動に参加するなかで、さまざまな人との会話のスキルが身につき、就職活動にも役立った」と振り返る。

交流拠点づくり、アドバイザー……各地で工夫

URが、高齢化を意識したコミュニティーづくりの検討を始めたのは、13年度のことだ。外部の有識者の意見も取り入れ、高齢者だけでなく、若者世帯や子育て世帯も含めて「多様な世代がいきいきと暮らし続けられる」ことをめざすとした。

ひばりが丘団地(東京都西東京市・東久留米市)では、12年の建て替えの際に、あえて長屋形式の2階建て住宅を残した。内部を改修し、交流の場「ひばりテラス118」に。六つのコミュニティースペースやカフェがあり、ベビーマッサージ講座やアロマ教室など、若い世代も楽しめるイベントを開く。

日の里団地で、１棟を改修してつくられた交流拠点「ひのさと48」の外観=福岡県宗像市、さとづくり48プロジェクト提供

日の里団地（福岡県宗像市《むなかた》）でも、開発から50年を機に、団地1棟を改修。21年5月、「ひのさと48」という交流拠点とした。

担当者は「若者が高齢者の見守り支援をしたり、高齢者が子育て支援をしたり。多世代がいることで豊かなコミュニティーが形成できる。地域が活性化して、空き部屋問題の解消など、持続可能性にもつながる」と話す。

ＵＲの団地には「生活支援アドバイザー」がいるところもある。08年に始まった制度で、高齢者が安心して暮らし続けられるよう、住民の見守りや生活相談に応じてきた。22年3月時点で、全国の約２２０団地に１５０人ほどがいる。自治会の役員らと連携し、住民同士の交流イベントを開くことも。21年度は約2200件のイベントに関わった。アドバイザーは今後も増やしていく予定だ。

マンションの「根本的矛盾」――崩れた住宅政策の前提

東京大学　祐成保志准教授

マンションには、隣人とあまり関わらなくても暮らしていける、「没交渉」のイメージもあります。しかし、社会学者で住宅研究が専門の東京大学の祐成《すけなり》保志准教授は、「ホテル暮らし」とは違う「マンション暮らし」の特徴は、コミュニティーにこそあると言います。マンションが抱える「根本的な矛盾」とは。そして、日本の住宅政策の課題とは――。

マンションの管理組合は「アソシエーション」

ホテルの運営は、利用者のコミュニティーがなくても成り立ちます。マンションも、購入時には住戸ごとに商品になっていて、壁の内側や窓からの眺めに目が行きがちです。しかし、実際に生活していく上では、住戸と住戸の「あいだ」にある部分が大事で、これを適切に維持していくにはほかの居住者や所有者との関わりを避けることはできません。トラブルの解決や予防のために、共同で意思決定を行う必要が生じます。

社会学では、コミュニティーをアソシエーションと対比させることが一般的です。アソシエーションは目的を持って組織される集団で、企業や学校が代表例です。対してコミュニティーは、家族のように目的がなくても成立する基礎的な集団を指します。

マンションの管理会社はアソシエーションです。区分所有者が結成する管理組合も、目的が定められたアソシエーションです。それらとは別に、居住者の間には、隣り合って生活するがゆえの関係が生まれます。これを「コミュニティー」と呼ぶことは、理にかなっています。

地理的に近く、感情的に遠い

ただ、マンションとコミュニティーには、一筋縄でいかない関係があるのです。

かつて、社会学では地理的な近さと感情的な近さの両方がコミュニティーの条件だと考えられていました。1970年代になると、地理的な条件は重要ではないという考えが強くなってきます。SNS上のコミュニティーなどを思い浮かべるとわかりやすいと思います。

古いムラやマチでは、近くに住むことが、そのまま感情的な近さを意味しました。それを支えていたのは、暮らしを維持するための共同作業です。マンションでは、それぞれに独立した生活空間が確保されていて、地理的には近くても感情的には遠いままでいられます。近代の都市を体現するような環境です。

こうした点に魅力を感じてマンションを購入した人でも、たまたま順番が回ってきて管理組合の役員に選ばれ、一緒に活動するうちに、感情的な近さが縮まることもあるでしょう。マンションにコミュニティーがあることは、良好な管理を可能にすると考えられています。他方で、そうした情緒的な関係は、管理組合の業務をゆがめるという批判もあります。

東京大学の祐成保志准教授。専門はコミュニティーと住まいの社会学

日本のマンションは、もともとは都心や観光地で、セカンドハウスの需要を狙っていました。家族の住まいとして定着したのは、70～80年代

ごろからです。いまの管理組合が、その時期の日本社会を前提とした仕組みになっていることには注意が必要です。

当時は「モーレツ社員」の時代。会社から帰った男性たちが、連日深夜まで管理組合の会合で議論を闘わせた。そんな回顧を、70年代に分譲された大規模マンションの管理組合の役員だった方から聞いたことがあります。この世代が、長年にわたってマンションのコミュニティー活動も担ってきました。

マンションの住民は、生涯住み続けたいと考える人から、いずれは売却を考える人まで多様です。時間が経つにつれて住民の高齢化が進み、境遇の差が開いていきます。所有と居住も分離していくので、建て替えなどの重要な意思決定が難しくなります。

マンションは、根本的に矛盾をかかえた仕組みです。これまでは微妙なバランスのもと、表面化せずにすんできたように見えますが、今後もそれが続くとは限りません。

「新築重視」の住宅政策　前提が崩れた

マンションに限らず、住宅政策そのものが長期的な視野に立った制度になっているかどうか、大いに疑問があります。

日本の住宅政策は、新築を重視してきました。厳しい規制をもうけず、住宅を新しく建てやすくすることは、住宅が足りなかった時代には合理的でした。しかしこのことが、住宅の質の低さや空き家の増加につながっています。

一方では住宅が余っていて、他方では住宅に困っている人がいるという、奇妙な状況が生じています。市場で不利な立場にある人、所得が低い人や入居差別を受けている人を公的に支援する仕組みがない限り、この溝は埋まりません。具体的には、借り上げ型の公営住宅や家賃補助などが考えられます。

重要なことは、持ち家があるにもかかわらず、住宅に困っている人がいる、ということです。マンションの高齢化と老朽化は、この、考えてみれば当たり前のことを気づかせてくれます。持ち家さえ増やせば住宅問題は解決する、という住宅政策の前提が崩れつつあります。

高齢になるなどして、長年暮らしてきたマンションに住み続けられなくなるというのは、広い意味での「ホームレス」状態といえます。このとき、住み慣れたエリア内で暮らしを立て直せることが大切です。そのための条件の整備は、市場任せでは難しい。行政には、地域に居住するための社会的な資産として、マンションをほかのストックとあわせて運用する戦略が求められています。

ライフステージの変化などによる人と住宅のミスマッチは、マンションの住民に限らず、誰にでも起こりうることです。ミスマッチを速やかに、かつ緩やかに解消できるように、地域の中に暮らす場の選択肢を増やす施策が必要です。

マンションは、商品として販売されるものであると同時に、所有者や居住者みずからが、アソシエーションとコミュニティーをつくる実践でもあります。日本でも、すでに半世紀以上にわたって経験が積み重ねられてきました。そこから受け継ぐべき知恵や教訓は何か、改めて考える時期を迎えていると思います。

第5章

管理組合に迫る危機

1　どうする「機械式駐車場」――車持たない住民増、目立つ空き

「高齢化するマンション」シリーズに、多くの便りが届いた。本章はその中から一部を紹介する。反響が大きかったのは機械式駐車場。高齢化やカーシェアリングの普及で車を持たない住民が増え、駐車場の維持管理に悩む管理組合も少なくないようだ。また、棟別会計や理事の高齢化や負担を指摘する声もあった。

点検にも取り壊しにも高額費用

「空きが出ている機械式立体駐車場が、お荷物になっています」

東京都の多摩地区にあるマンション。管理組合で役員を務める60代半ばの男性は、そうぼやく。

築25年、約400世帯が暮らす。敷地内には高さ40メートルの駐車場タワーが2棟あり、各タワーには42台を止められる機械式の立体駐車場が3基入っている。

マンションと駐車場　写真は株式会社「剛力建設」提供

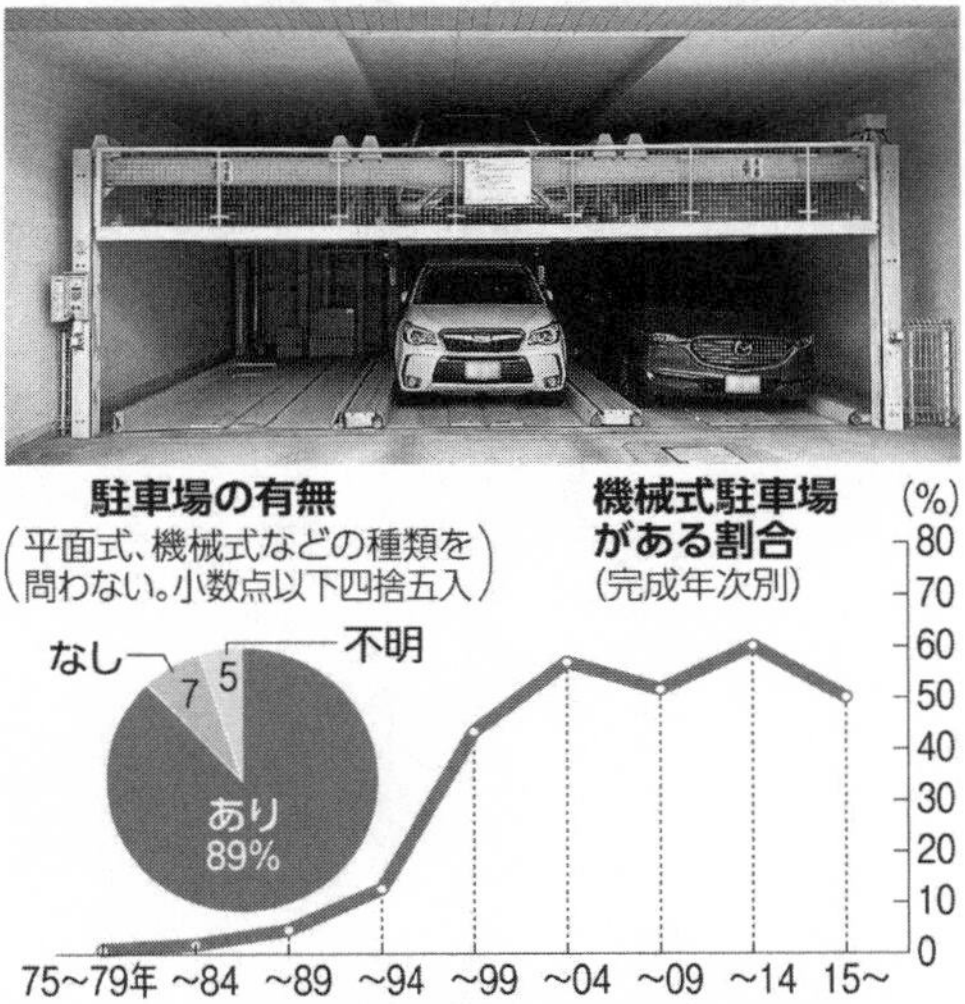

国土交通省のマンション総合調査（2018年度）から

分譲当初、約250台分の駐車場はほぼ満車だった。しかし、次第に空きが目立つようになった。契約者の減少に伴い、2010年に1基、16年にも1基を停止。現在稼働しているのは4基で、実際に利用しているのは計110台あまりにとどまる。

「最近は、若い世代を中心に車を所有しない人が多い。高齢になって車を手放す住民もいるのだろう」と男性は話す。

構造上、車高が高い車を入庫できないことも、空きが増えた理由だという。マンションには、車高制限がない平置きの駐車場も5台分だけあるが、そこは10人以上の住民が空きを待つ人気ぶりだ。

ここの機械式立体駐車場は1基につき保守点検の費用が年間80万円程度かかっている。節約のため、管理組合はさらに1基を止めることを検討している。

一方、長期修繕計画では、毎年の保守点検費用とは別に、部品の交換や機械の更新のため、今後30年間で計4億5千万円を計上している。

利用する人が減ったことで駐車場の収入も減っている。さらに空きが増えれば、将来の修繕計画にも影響が出る恐れがある。

かといって、取り壊すにしても、業者に見積もりを依頼したところ1棟約1億1千万円かかると言われたという。

男性は嘆く。

「利用者が減り続ける機械式の立体駐車場。これからどうすればいいのでしょうか。いい知恵があれば、教えてほしい」

まずは意向調査、使わない区画は解体検討を

国土交通省のマンション総合調査（2018年度）によると、回答した管理組合1688のうち、駐車場が「ある」は約89％。駐車場の種類別では、「平面式がある」が約78％、「機械式がある」は約32％だった（複数回答）。

マンションの完成年次別にみると、「00～04年」以降の完成では、「機械式がある」が5～6割にのぼる。

不動産コンサルティング「さくら事務所」（東京）のマンション管理コンサルタント、土屋輝之さんによると、特に90年代から08年のリーマン・ショックのころまでは、駐車場の台数が多いマンションが好まれる傾向が強かったという。地価が高い大都市を中心に、新築物件でも駐車場は抽選に。中古物件では空きがないケースも多かった。

しかし近年は、車を持たない人が増えたことなどを背景に、土屋さんのもとにも、空きが出た機械式駐車場をどうすればいいのかという相談が管理組合から多く寄せられるようになったという。

土屋さんがまず勧めるのは、住民にアンケートし、利用動向を調べることだ。車を持っているか▽持っている場合、どこに駐車場を借りているか▽マンション内の駐車場を使っていない人には、将来的に使う可能性があるか▽車高などのサイズがあわないといった理由で外部の駐車場を借りている人には、マンション内の機械式駐車場のサイズを大きくして多くの車種が入庫できるようにした場合、借り換えるか――などをたずねる。「はい」か「いいえ」で答えられる質問にすると回答率があがるという。

その結果、将来的にもマンション内の駐車場が埋まる見込みがなければ、使う区画と使わない区画に分け、使わない区画の解体・撤去を理事会で検討する。住民説明会で意見を募った上で、実際に解体・撤去することになれば、総会を開いて住民の合意を得る。共用部分の大幅な変更にあたるため、特別決議が必要で、区分所有者の4分の3以上の賛成などが求められる。

機械式駐車場は、通常25～30年で設備更新の時期を迎える。土屋さんは、更新の予定がある管理組合が利用率の低下を抑えたい場合、一案として「車高や車幅などのサイズが大きく、電気自動車（EV）のように重い車でも入庫可能にすることを検討してほしい」と話している。

2　機械式駐車場を持てあまし撤去、増える「平面化」

跡地を平置きに、維持・修繕コスト削減

「マンションと車を取り巻く環境は、急速に変化しています」

大手マンション管理会社「大和ライフネクスト」（東京都港区）の「マンションみらい価値研究所」で、所長を務める久保依子さんはそう話す。

同研究所は2021年7月、「消えゆく機械式駐車場」と題してリポートを公表した。同社が管理を委託されているマンションのうち、駐車場の有無が確認できる3994について調べたところ、分譲時に機械式駐車場が設置されていたのは2039だった。

そのうち、すでに機械式駐車場を撤去して跡地を平面化したマンションは298あり、機械式駐車場が設置されていたマンションに対して14・6％を占めた。

「すでに機械式駐車場の平面化工事は、特別な事例ではなくなってきている」。リポートはそう指摘する。

年ごとの工事件数は、2009年の1件から始まってその後は増加傾向が続き、最も多かったのはともに44件に達した15年と20年だった。

平面化した298のマンションでは、跡地を平置き駐車場にしたケースが283で大半を占めた。以下、平置き駐車場と駐輪場の組み合わせ(8)、駐輪場(3)などだった。

機械式駐車場をすべて、もしくは一部を撤去した後、新たに設置した平置き駐車場の分を含め、駐車できる総台数の残存率を調べると、「70%以上80%未満」(26・8%)が最も多く、「80%以上90%未満」(23・8%)、「60%以上70%未満」(15・4%)の順だった。

工事を実施した管理組合の総会議案書をもとに工事理由を調べると、「将来にわたって多額のメンテナンスコストや修繕費用がかかり、その削減をするため」「駐車場の利用者が少なく、駐車場が必要ないため」といった記載が多かったという。

一方、工事に反対する住民の声も議案書や総会議事録などには記されていた。「中古マンションとして販売するとき、駐車場の区画数が少ないのは売買価格にマイナスでは」

「平面化よりも前に、周辺住民への貸し出しなどほかにやるべきことがあるのではないか」などだった。

使わず放置、劣化の危険性も

機械式駐車場の平面化工事を専門に請け負う剛力建設（東京都江戸川区）。

副社長の炭谷啓介さんは、「3年前に比べ、マンションの管理組合や管理会社からの問い合わせが3倍に増えています」と話す。

機械式駐車場の平面化工事。駐車場の機械を解体・撤去した上で、地下のピット内に鉄骨の柱と梁を組み立て、その上に鋼製の板を載せて平面化する。写真＝剛力建設提供

同社は1995年設立。当初は機械式駐車場メーカーの協力会社として設置業務を請け負っていた。2013年から平面化工事に乗り出し、2022年8月までに首都圏を中心に延べ303カ所、計1800台分の工事を手がけた。

同社の工法は、機械式駐車場を解体・撤去した後、元からあるコンクリート枠（ピット）

内に軽量の鉄骨の柱と梁《はり》を組み立て、その上に鋼製の床板を載せるものだ。

費用は構造や立地などによって異なるが、3段ベッドのような構造で上下だけに動く単純昇降式の駐車場計4列（駐車可能台数計12台）の場合、解体費を含めておおむね約500万円ほど。工期は2週間程度だ。

「マンションみらい価値研究所」のリポートによると、平面化にあたり、ピットを砕石で埋め戻す工法で実施した管理組合も多い。ただ、炭谷さんによると、埋め戻す場合は重さでピットごと沈み、地盤沈下の原因になることもあるので注意が必要だ。

炭谷さんによると、機械式駐車場の解体や平面化などの費用を捻出できず、使用していない区画を放置している管理組合もある。炭谷さんは「メンテナンスせずに放置すれば、さびや腐食により事故に結びつく劣化を招く危険性がある」と指摘している。

一定台数分の設置義務、条例ないか確認を

平面化する際は、自治体の条例などにも気をつけたい。マンションに一定の台数以上の駐車場を設置することが条例などで義務づけられている場合、減らしたために必要な台数

を下回ることもありえるからだ。

東京都の場合、マンションなどの共同住宅に関しては、「都駐車場条例」や「都集合住宅駐車施設附置要綱」で設置台数の原則を定めている。

大きくわけると、商業地域や近隣商業地域などにある一定規模以上の建物は駐車場条例の対象となり、必要な台数の計算方法は区部と市部で異なる。区部のそれ以外の地域は原則として要綱の対象になり、条例でも要綱でも、一定の条件を満たせば必要な台数を緩和できる規定がある。

自治体によってさらに独自の要綱を定めているケースもあり、まずは地元自治体の担当部署に確認が必要だ。

3　「棟別会計」の落とし穴――修繕積立金残高に20倍超の格差

「各棟の修繕積立金の残高に極端な格差が生まれ、住民の分断にもなりかねません。どうすればいいのか」

男性は70代。関西地方にある築40年余りの団地型マンションに暮らして40年ほどになる。敷地内には約30棟が立ち並び、現在、あちこちで大規模修繕の工事が進む。

発端は5年ほど前だ。今回の大規模修繕に向けて計画をたてるにあたり、管理組合が修繕積立金の会計を見直し、「棟別会計」を採用した。

竣工《しゅんこう》以来、全棟の会計を一括して管理してきたが、国土交通省が団地型マンション向けの指針として示している標準管理規約を参考に、規約を改めた。団地型の増加を受けて1997年に策定されたもので、団地全体のための修繕積立金と、棟ごとの修繕積立金をそれぞれ積み立て、区分経理しなければならない、と記している。

積立金額は、契約しているマンション管理士が、従来の月7千円をベースに、各棟の外壁などの共用部分と集会室などマンション全体の共用部分の面積や工事費に応じて算出した。団地の積立金と棟ごとの積立金との合計額は、棟によって1戸当たり月約6800～約7300円。男性が住む棟の場合は月7千円ほどで、このうち棟ごとの積立金は約6千円だ。

棟ごとに違う構造、震災……「合理的」だったが

「棟別会計は合理的と思いました」。男性は当時、組合の説明に納得したという。

3年ほどの間に順次完成した約30棟は、共用部分の踊り場の広さや天窓の有無、外壁の素材などが棟ごとに違う。耐震性に不安がある棟もある。高経年化で排水管が劣化し、水漏れ事故も一部の棟で起きている。

震災などがあれば、被害の程度に違いが出るのも容易に想像できた。95年の阪神・淡路大震災では、知人が住んでいた団地型マンションで、一括会計で管理していた積立金を、

被害が大きかった一部の棟の修繕に使うことに反対の声が出て、修繕が進まなかったという話も聞いていた。棟ごとに積み立てておけば、そんな心配もなくなる。

「南海トラフ地震が起きるといわれていますし、もし自分の棟が被害を受けて、ほかの棟が修繕に賛成してくれなかったら困りますから」

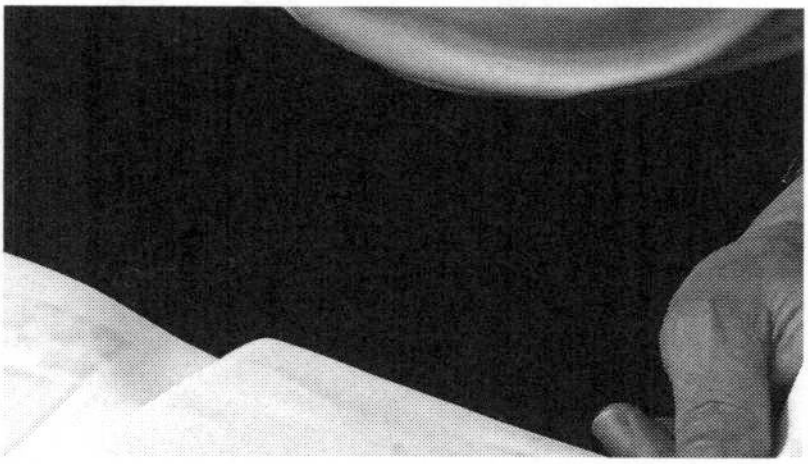
棟別の積み立て状況をまとめた資料を見ながら、男性は話した（画像の一部を加工しています）

棟別会計の採用から3年ほど。2020年に管理組合の役員になった男性は、今回の大規模修繕が終わった後の各棟の積立金残高の試算表を目にした。最も多くなる棟は約2千万円で、最少の棟では約90万円。あまりの開きに驚いた。

男性によると、極端な違いは、棟によって修繕の工事費が大きく違うためという。

大規模修繕の実施に向けた臨時総会で、残高の試算表が住民に配布された。その場では質問や意見は出なかったものの、残高が少なくなる棟の住民から、後になって「うちは工事しない」という声が噴出。ここの管理規約では大規模修繕は全棟一斉に実施することになっていると説明し、しぶしぶ納得してもらったという。

男性は2021年、役員の任期を終えた。「棟別会計なるものをみんなよく知らず、工事費の違いまで考えていませんでしたし、お任せ状態だったマンション管理士は経験が浅く、棟別会計も初めてで丁寧な説明はありませんでした」と導入時を振り返る。

値上げやむなし？「数の暴力」と反発も

次の大規模修繕に備え、また災害などで個別の棟を修繕する事態がいつ起きるかわからないことを考えると、全棟で一律に積立金を値上げするか、不足する棟のみ上げるか、あるいは一括会計に戻すなどの選択肢がある、と男性は考えている。

しかし、残高が少なくなる棟の住民と顔を合わせ、「積立金の値上げもやむを得ないのでは」と話すと、「（残高が多い棟の人たちによる）数の暴力だ」と憤りを示す人もいるという。

男性は嘆く。「回り持ちの理事は、できるだけ問題がないうちに任期を終えたい。高齢になった住民も『先は長くないから』と解決策を考えることに消極的です」。解決の道筋は見えないままだ。

国交省の団地型マンション向けの標準管理規約では、団地の修繕積立金は管理事務所や集会所といった団地の共用部分や付属施設の修繕や変更など、各棟の修繕積立金は廊下や階段、内外壁といった棟の共用部分の修繕などに限って取り崩せると規定。積立金額の設定にあたっては、棟ごとの構造や規模、分譲時期の違いなどを十分考慮するよう求めている。

ただ、国交省のマンション総合調査（18年度）によると、修繕積立金制度がある団地型の管理組合のうち、団地の修繕積立金のみの組合が過半数を占める（約56％）。団地と各棟の積立金それぞれがある組合は約38％にとどまり、各棟の積立金のみは約7％だった。完成年次が古いほど、「団地のみ」の割合が高くなる傾向があった。

問題大きくなる前に導入、第三者の力も必要

マンションの維持保全に詳しい明海大学（千葉県）の藤木亮介准教授は、「一括会計で

長く管理してきた高経年マンションでは、棟別会計を導入することに理解が得にくい場合がある」と指摘する。

建物は同じでも棟によって劣化の傾向は違い、また、たとえば1棟だけ車いすが必要な区分所有者のためにスロープを設置したいなどと要望が出る場合もあり、修繕費用は各棟で異なる。こうした違いはマンションが高経年化するほど広がっていくという。

「自分の棟の共用部分は、自分たちで維持保全の責任を持つ必要がある。問題が大きくならないよう、早期に棟別会計を採り入れることが重要」と藤木さん。会計制度の変更をきっかけに住民同士の感情的な対立が生じないよう、信頼できる外部の専門家など第三者に説明してもらう方法もあると助言している。

4 「もう懲り懲り……」元理事長が一戸建てに引っ越した理由

「ここに住み続ける自信はありません」

東京都内のマンション。60代男性は、新築分譲時から30年近く暮らすマンションを手放し、一軒家へ住み替えることを検討している。

妻と娘との3人暮らし。暮らし続けるつもりで購入した。

だが、分譲マンションでは避けられない「理事の負担」は、考えていた以上だった。36戸のマンションで、理事は2年交代の輪番制。10年に1度ほど回ってくる。理事長は理事の中からくじ引きで決める。

男性はこれまでに3回、理事になり、この2年は2回目の理事長を務めた。

「犬のフンが落ちている」「リフォーム業者の施工内容が気になる」。住民から玄関のチャイムを鳴らされたり、郵便受けにメモが入れられたり、メールが届いたり。

中にはクレーマーのような人もいて、住民同士のトラブルに巻き込まれることもあった。管理会社や管理人とのやり取りもしょっちゅうだ。

電球切れや植木の枝切りなど、共用部のメンテナンスは基本的に管理会社が対応する。しかし「費用が高い」という声があがって、別の業者を探して相見積もりをとることも年に4、5回はあった。作業の当日は立ち会いも必要だ。「業者に頼まず、理事ができないのか」と聞かれたこともある。

5人の理事のうち、ほかの4人は仕事を続けていた。「退職した自分でないとできないことが多い」と感じる。

重すぎる理事の負担

ただ、現状の負担はあまりに重い。

2回目の理事長になってすぐ、母親の介護問題も重なって体調を崩した。血圧が上がり、全身にかゆみが出た。

「自分たちで問題を解決しないといけないのはわかるが、『なんでも理事任せ』では困る」

建て替えや修繕積立金の値上げの議論が始まれば、負担はさらに増えると考えられる。

10年後、また理事が回ってきたときに耐えられるのか――。

「土地の安い地方に引っ越し、中古の一軒家に住み替えた方がいいんじゃないか」

男性は、妻ともそう話し始めているという。

「理事の負担」も一因となり、実際にマンションを手放した人もいる。

「管理も修繕も自分たちだけで決められない分譲マンションは、も

マンション管理組合の運営のイメージ図
(デザイン/山田英利子)

う懲り懲りです」

四国の県庁所在市に住む50代の女性は、新築で購入した分譲マンションを売却し、戸建て住宅に住み替えた。13年前のことだ。

マンションから一戸建てへ、「ストレスなく満足」

マンションを手放す前、女性の夫は、マンションの理事長だった。管理会社の変更、大規模修繕工事計画の見直し（中規模工事への変更）という課題に夫婦で取り組んだ。そのマンションでは1年交代が原則だった理事長職を、夫は2年続けて担った。

だが、その労力は想像以上で、住民や業者とのやりとりで夫婦は心身ともに疲弊した。それが戸建てへの住み替えを決断する大きな理由になった。

理事長になった当時、管理費などの会計説明に関連し、管理会社への不信感が高まっていた。管理会社が示した大規模修繕工事の見積もりも高額で、修繕積立金は不足していた。マンション関連の書籍を読み、知人のマンション管理士の意見も聞いて、必死に勉強した。信用できる管理会社を探しつつ、役員会や臨時総会を何度も開催。住民の交流を深めようと、喫茶店で座談会を企画したこともあった。

神経を使ったのが「事なかれ主義」の住民の説得だったという。管理会社の変更に反対するある住民には、訪問やチラシで話し合いを何度も呼びかけたが無反応。それなのに、臨時総会の当日、その住民に「少数意見を無視するのか」と言われた。

修繕工事中の駐車スペースの調整にあたったときも、総会に顔を出さず、訪問しても居留守を使われてしまう住民から、最後に「勝手やな」と捨てぜりふを浴びたという。

マンションの売却価格は購入時を大幅に下回る金額となった。「高い授業料だった」と女性は振り返る。

「戸建てなら、修繕でもなんでも誰の同意もいりません。町内会の役員も務めていますが、マンションの役員のようなストレスはなく、満足しています」

進む高齢化、担い手不足　「辞退なら5万円」の例も

マンションの管理組合は、区分所有法に基づく組織で、マンションを購入した人はすべて組合員になる。区分所有者である限り、脱退はできない。役員候補をどう選ぶかはマン

ションによって異なる。回り持ちの輪番制をとっている管理組合が多いとされる。

神奈川県の女性（62）が暮らす築40年超のマンションでは、独居や老老介護などで「理事を引き受けるのは難しい」という高齢の住民も増えてきたため、高齢などを理由に理事を辞退する場合は、年約5万円を支払うことを総会で決めた。

管理業務を管理会社には委託せず、自分たちで行う自主管理を続けてきた。20戸ほどで、理事は3人。任期は1年のため、約6年に1度のペースで回ってくる。

女性は2022年度から理事長をしている。理事長には年間1万5千円の理事報酬が出るが、住民、清掃や点検の業者、保険会社などとのやり取りで電話代は月5千円ほど跳ね上がった。「ボランティアと割り切るしかない」というが「築20年を超えたあたりから老朽化で修理なども増え、負担が重くなっている」。理事報酬の値上げも検討しているという。

辞退金をめぐっては、高齢世帯からの反発も大きかった。これからも、修繕積立金の値上げや建て替えなど、意見の集約が困難と思われる様々な課題が待っている。

「住み続けるには理事の負担軽減とあわせて、問題意識が共有できる仲間作りにも取り組む必要がある」と話した。

輪番でも主体的に取り組むことが大事

ＮＰＯ法人・日本住宅管理組合協議会　柿沼英雄会長

高齢化によるマンション役員のなり手不足、理事の負担の重さ、無関心な多くの住民たち――。管理組合運営の難しさを嘆く投稿が多数届きました。停滞を打破するために、なにができるのでしょうか。約１３０の管理組合が参加するＮＰＯ法人・日本住宅管理組合協議会の柿沼英雄会長に、取り組みのヒントを聞きました。

大切なのは広報を出すこと

根本的な問題は、マンションは区分所有者が主体的に管理するもの、という意識が乏しいことです。

輪番でまわってくる理事の仕事について、「1年がまんすればいいや」と多くの住民が考える。だから、自分たちが暮らすマンションを将来どうするのか、というビジョンが描けず、管理会社への丸投げになりがちです。

予定調和的な理事会運営には魅力がないので、積極的に関わろうという住民はどんどん減ってしまいます。

まさに悪循環です。

忙しいから、面倒だからと住民が管理組合運営を敬遠し、住民自身が考えることを放棄したマンションはどうなるでしょう。修繕積立金などの貴重な財産を管理会社などの言うままに使い果たしてしまうか、「管理不全」と呼ばれる問題だらけのマンションになるか。いずれにしても将来の道は厳しくなります。

住民の意識を高めるために、まず大切なのは広報を出すことです。発行していない管理組合は非常に多いし、広報があっても、理事会の報告のみ、など情報不足の場合もあります。

私自身が理事長だったときの経験ですが、大規模修繕工事の期間中に30回近く広報を出しました。進行中の工事はなんのための作業なのか詳しく伝えた結果、住民のクレームはゼロでした。地域のイベント情報を盛り込んだり、区分所有法の解説をシリーズで掲載したりしているマンションもあります。

運営改革は1人ではうまくいかない

普段からのコミュニティーづくりも重要です。夏祭り、防災訓練、ファミリーコンサート、芋掘り。私も理事長として、様々なイベントを意識的に仕掛けました。加えて、総会や理事会などの会議の場も大切です。人間的なつながりができれば、管理組合活動で声もかけやすくなります。

NPO法人・日本住宅管理組合協議会の柿沼英雄会長

確かに、理事長の負担は軽くはありません。理事会の諮問機関として、修繕委員会など継続性がある専門の委員会を置いているマンションもあります。理事長の負担を軽くするとともに、ひとつのテーマに継続して取り組む場にもなります。

管理組合が抱える問題の相談を受けたとき、私たちは「仲間をつくってください」と必ず言います。理事長であっても理事であっても、運営改革は1人ではうまくいきません。同じマンションの居住者も、声をあげた人を孤立させてはいけません。

おわりに

住宅政策にかかわる問題を取材していると、朝日新聞が1973年1月に掲載したのが初出とされる「住宅双六《すごろく》」に、いろいろな場面で出くわすことになる。

ちょうど50年前の初出版にも、老人ホーム、老朽住宅など多様な「住まい」は登場するが、就職や結婚、子育てなどライフコースの変化にあわせ、下宿や賃貸から分譲マンションを経て、郊外の庭付き一戸建てに住み替えて「上がり」になるのが、一般的な住宅双六であったろう。どれだけの人が忠実にたどろうとしたかはわからない。ただ、高度成長期の都市住民の多くにとって、実現可能で、めざすべき道(の一つ)と見えていたことは想像できる。

いまはどうか。本書でも触れたように、マンションの区分所有者のうち、「永住するつもり」の人は1990年代にはすでに「住み替えるつもり」の人を上回り、近年は「永住派」が6割を占める。もちろん、愛着をもって永住を望む人もいれば、住み替えたくても実現できない人もいるだろう。

しかし、マンションという住まいそのもの、そして管理の仕組みは、多くの人が永住することを前提につくられてきたのだろうか。

住んでいる人たちも年を重ねれば、健康、金銭などの状況は多様化していく。状況が多様であればあるほど、老朽化していく建物を何とかしたくても、合意をとりまとめるのは容易ではなくなっていく。いや、そもそも高齢化で、理事のなり手すら見つからない。

成長する経済、増えていく所得のもと、いずれ一戸建てに住み替えることを前提に、一時的に同じ建物に住むことになった比較的若い夫婦たちが管理組合を動かしながら、目の前の課題を解決していく。そんなかつてのモデルとはかけ離れた現実がいま、全国のマンションでさまざまなひずみを引き起こしている。

私が所属するくらし報道部は、社会保障や福祉の政策を主要テーマの一つとしてきた部署だ。では、住宅政策は社会保障なのか。住宅問題は社会問題なのか。これもまた、いろいろな場面で、自分に、そして取材先に問いかけたくなるテーマだ。

確かに、日本を含めて世界各国が福祉国家化する上で大きな影響力を持ったイギリスのベヴァリッジ報告（１９４２年）では、住宅政策も所得保障や保健医療、教育などと並んで重要な社会政策と位置付けている。

しかし日本では、「はじめに」でも触れたように、新しく作ったものを売って経済成長に資することが、住宅政策の一貫した目的だった。住宅政策は経済政策でしかなく、住宅問題は個人の問題だった。そう言い切ってしまってもいいのではないか。その結果、社会政策のなかで、住宅政策に力を入れてほしいと考えている国民は、年金・医療・介護や子育て支援に比べ、まだまだ圧倒的に少ないのが現状だろう。

そして、朝日新聞の中でも、住宅は日々の暮らしに大きな影響がありながら、長く日の当たらないテーマだったように思う。マンションでいえば、新築分譲マンションの動向などは経済のテーマとして経済部が報じ、日照権のような近隣トラブルや違法建築などは社会部が取材する。しかし、全国のマンションが年を重ねるなかで静かに積み上がってきた課題、住民たちの日常の困りごとには、あまり目が向けられてこなかった。

本書のもとになった朝日新聞の記事は、実は二つの部署が別々に取材を進めたものだ。

一つは、従来こぼれがちだったテーマを機動的に報じることをめざして2021年4月に設立されたデジタル機動報道部。もう一つは、くらし報道部。長く日が当たらなかったテーマに、別々の部署で取材班が立ち上がったことは、もはや放置できない重要な社会問題だと認識する記者が確実に増えたことを示すのだろう。

本書で取り上げた課題の多くは、一朝一夕に解決できるようなものではない。長く続いてきた政策、仕組み、慣行の積み重ねであればなおさらだ。それでも、全国のマンションには、老いていく人たち、老朽化する建物を前に、あきらめ、嘆き、戸惑いながらも、さまざまな模索を続ける人たちがいる。そのことにも、取材班は大きな感銘を受けた。

快く取材を受けてくださり、ときには明かしづらいことも含めてお話しいただいた全国各地のみなさんには、ただ、感謝するしかない。本書が、現状の厳しさを伝えるだけでなく、そうしたみなさんの取り組みを支援し、同様の悩みを抱える人たちに少しでも参考になることがあれば――。取材班一同、そう願っている。

最後に、朝日新聞出版書籍編集部の大﨑俊明さんには、多様ながらある意味で雑多な記事を再構成するなど、企画から出版まで大変お世話になった。

私たちは今後も、いろいろな視点から、マンションのいまを見つめ続けたいと思う。

朝日新聞社くらし報道部次長　山田史比古

■取材班（五十音順）
石川春菜（いしかわ・はるな）くらし報道部記者
井上道夫（いのうえ・みちお）くらし報道部記者
井上充昌（いのうえ・みつまさ）新潟総局記者（前くらし報道部記者）
片田貴也（かただ・たかや）デジタル機動報道部記者
清川卓史（きよかわ・たかし）編集委員
高橋健次郎（たかはし・けんじろう）デジタル機動報道部記者
仲村和代（なかむら・かずよ）デジタル機動報道部次長
森本美紀（もりもと・みき）くらし報道部記者
山田史比古（やまだ・ふみひこ）くらし報道部次長

朝日新書
894

朽《く》ちるマンション 老《お》いる住民《じゅうみん》

2023年 1 月30日 第 1 刷発行
2023年 3 月20日 第 3 刷発行

著　者　朝日新聞取材班

発行者　三宮博信
カバーデザイン　アンスガー・フォルマー　田嶋佳子
印刷所　凸版印刷株式会社
発行所　朝日新聞出版
〒104-8011　東京都中央区築地 5-3-2
電話　03-5541-8832（編集）
　　　03-5540-7793（販売）

Published in Japan by Asahi Shimbun Publications Inc.
ISBN 978-4-02-295204-2
定価はカバーに表示してあります。

朝日新書

70代から「いいこと」ばかり起きる人

和田秀樹

最新科学では70歳以上の高齢者に関するポジティブなデータが発表され、「お年寄り」の実態は昔と今では大きく違っていた。これまで「高齢者の常識」を覆し続けてきた著者が、気休めではない最新の知見をもとに加齢によるいいことをアップデートし、幸福のステージに向かうための実践術を提案!!

朽ちるマンション　老いる住民

朝日新聞取材班

管理会社「更新拒否」、大規模修繕工事の水増し請求、認知症の住民の増加——。建物と住民の高齢化問題に直面した人々の事例を通し、マンションという共同体をどう再生していくのかを探る。「朝日新聞」大反響連載、待望の書籍化。

お市の方の生涯

「天下一の美人」と娘たちの知られざる政治権力の実像

黒田基樹

お市の方は織田家でどのような政治的立場に置かれていたか？　浅井長政との結婚、柴田勝家との再婚の歴史的・政治的な意味とは？　さらに3人の娘の動向は歴史にどう影響したのか？　史料が極めて少なく評伝も皆無に近いお市の方の生涯を、最新史料で読み解く。